EL *PROHEMIO E CARTA*

DEL MARQUÉS DE SANTILLANA

Y LA TEORÍA LITERARIA DEL S. XV

Colección
FILOLÓGICA

Dirigida por
Vicente Beltrán

EL *PROHEMIO E CARTA*

DEL MARQUÉS DE SANTILLANA

Y LA TEORÍA LITERARIA DEL S. XV

Edición, estudio y notas de

ÁNGEL GÓMEZ MORENO

PPU

Barcelona, 1990

Primera edición, 1990

© **PPU**
   Promociones y Publicaciones Universitarias, S.A.
   Marqués de Campo Sagrado, 16
   08015 Barcelona

I.S.B.N.: 84-7665-672-6
D.L.: B-30.018-90

Imprime: Limpergraf, S.A. Calle del Río, 17. Nave 3.
               Ripollet (Barcelona)

ÍNDICE

A mi admirado compañero Charles B. Faulhaber

El trabajo que aquí se ofrece es el resultado de una serie de investigaciones realizadas entre 1982 y 1984, que desembocaron en la tesis doctoral «La teoría poética en Santillana», leída en la Universidad Complutense de Madrid en noviembre de ese último año. Algunos de los materiales incluidos en dicho trabajo se han publicado en otros lugares:

1) La *Carta a Pedro de Mendoza, Señor de Almazán* apareció como «Una carta del Marqués de Santillana», *Revista de Filología Española*, 63 (1983), 115-122.

2) El estudio de la transmisión del *Prohemio e carta* se llevó a cabo en «Tradición manuscrita y ediciones del *Proemio* de Santillana», *Dicenda. Cuadernos de Filología Hispánica*, 2 (1983), 77-110.

3) Las epístolas cruzadas entre Iñigo López de Mendoza y el Obispo de Burgos, insertas como apéndices en la tesis, se dieron con su título tradicional: «La *Qüestión* del Marqués de Santillana a don Alfonso de Cartagena», *El Crotalón. Anuario de Filología Española*, 2 (1985), 335-363.

4) El mismo *Prohemio* y alguna que otra nota propia se incluyeron en un volumen preparado por Francisco López Estrada, *Las poéticas castellanas de la Edad Media* (Madrid: Taurus, 1984), pp. 51-63.

5) El panorama de teoría poética medieval con que comenzaba la tesis se ha resumido en la sección de «Análisis» del libro, preparado con Carlos Alvar, *La poesía lírica medieval*, en *Historia Crítica de la Literatura Hispánica*, *1*, Madrid: Taurus, 1987.

6) Son muchas las referencias a materiales inéditos incluidas en mi reseña a Miguel Garci-Gómez, ed., Marqués de Santillana, *Prohemios y cartas literarias*, Madrid: Editora Nacional, 1984, publicada en *Romance Philology*, 41 (1987), 244-249.

7) Finalmente, los escritos literarios del Marqués se han publicado junto al resto de su corpus en mi reciente edición, con Maxim. P.A.M. Kerkhof, del Marqués de Santillana, *Obras completas*, Madrid: Planeta (Clásicos Universales, 146), 1988.

Tras esto, sólo me faltaba publicar la edición crítica del *Prohemio*, que forma la sección más abultada de mi ya vieja tesis. El cierre de la editorial Humanitas supuso dar al traste con la publicación de diversos trabajos, entre

11

los cuales éste era el más modesto (la *Eneida* de Villena, con sus glosas, a cargo de Pedro Cátedra, el *Libro del Tesoro* de Brunetto Latini, en edición de Spurgeon Baldwin, o una importante monografía sobre Nuño de Guzmán, obra de Jeremy Lawrence, eran tres de sus compañeros de viaje). El texto que entregué a imprenta en aquella ocasión es, casi sin cambios, el mismo que se puede leer en este volumen, que difiere de mi tesis de 1984 en la disposición de parte del material: varios capítulos de éste se han transformado en amplias notas al *Prohemio*. Como entonces, quiero agradecer las sugerencias de quienes, en un momento u otro de la elaboración de este trabajo, han tenido ocasión de leerlo y comentarlo; en especial, doy las gracias a los profesores Rafael Lapesa, Francisco López Estrada, Domingo Ynduráin, Antonio Prieto y Miguel Ángel Pérez Priego, que constituyeron el tribunal que juzgó aquella tesis, y a mi buen amigo Julian Weiss, de la Universidad de Virginia, por los valiosos comentarios que hizo al original destinado a la editorial Humanitas.

Universidad Complutense de Madrid,
primavera de 1988.

A modo de introducción

En ese dintel que se ha llamado Prerrenacimiento, Otoño de la Edad Media o, simplemente, siglo XV, se produce una auténtica revolución cultural en España, claro reflejo de lo ocurrido en otros puntos de Europa tras el impulso del Trecento italiano. El aumento del número de lectores se cifra en un notable avance en la producción de copias manuscritas (y más tarde impresas), paralelo al fenómeno de la formación de bibliotecas; a ello cabe unir además una lógica aceleración en el proceso de creación literaria, realmente espectacular tanto en prosa como en verso. Doctores, licenciados y bachilleres, maestros, clérigos y barberos hacen gala de un inusitado interés por la cultura libraria en sus más diversas formas; junto a ellos, la propia nobleza, los *militares viri*, se sentirá atraída por un fenómeno que, de alguna manera, llega a convertirse en una auténtica moda.

El libro medieval requiere en sus destinatarios una mínima formación, tiempo para el ocio y dinero en abundancia, que la alta nobleza castellana posee sin duda; el último y decisivo ingrediente, el interés por los libros, será cada vez menos extraño desde principios de la centuria, tras las huellas de don Pedro López de Ayala y en la senda de don Enrique de Villena. Los representantes de los altos estamentos de la España medieval habían sentido de siempre una especial atracción por la poesía lírica, que constituía, sin duda, uno de los deportes áulicos fundamentales; lo que resulta extraordinario es que dicha modalidad, en este momento, deje un lugar importante a la poesía narrativa de corte erudito, que implica unos conocimientos relativamente amplios de historia, mitología y otros asuntos diversos.

En esas circunstancias, una mínima biblioteca se convertía en útil imprescindible para cualquier poeta que quisiera aventurarse por tales derroteros; si además, como ocurre con el Marqués de Santillana, el deseo de deslumbrar a propios y ajenos iba más allá de la creación literaria, el libro era instrumento decisivo para ser considerado una persona culta (José Antonio Maravall ha señalado que «el saber, bajo forma de cultura literaria no productiva, es uno de los artículos de consumo que entran más de lleno en las convenciones de ostentación de la clase ociosa»). Entre otras cosas, esto es lo que se propone don Íñigo López de Mendoza en su carta-prólogo al joven Condestable de Portugal: dejar clara constancia de una extraordinaria formación de la que don Pedro tendría segura noticia. Ese deseo fundamental se une, por lo menos, a otros dos propósitos: hacer un elogio de su propia familia y defender el ejercicio poético frente a las autorizadas críticas de algunos de sus coetáneos. No cabe duda de que el Marqués logró su objetivo o, al menos, así lo pensó al elevar el rango de dicha carta y convertirla, más tarde, en una auténtica introducción para el conjunto de sus poemas, como enseguida veremos. Los derroteros poéticos seguidos años después por don Pedro indican otro tanto.

Ambos, don Íñigo y el Condestable, se habían conocido en 1445 —quizás en la misma batalla de Olmedo—, año en que el joven don Pedro fue enviado por su padre, el Infante don Pedro, a Castilla en ayuda de Juan II frente a los Infantes de Aragón. El noble portugués había nacido en 1429 y, por tanto, tenía a la sazón dieciséis años, si bien era Condestable al menos desde 1443 (así aparece en la *Chrónica do Senhor Rey Dom Affonso V*). Don Pedro pertenecía a la más alta aristocracia de su país —lo que no deja de constituir una primera e importante afinidad con don Íñigo—, pues su padre era hermano del monarca, Eduardo I, e incluso llegaría a ser regente a su muerte, durante la minoría de Alfonso V; también el propio Condestable alcanzaría la condición real en 1463, al aceptar la corona de Aragón y Sicilia, que retuvo a duras penas hasta sus últimos días. Como don Íñigo, el Condestable constituye un claro ejemplo del noble cuatrocentista interesado por la cultura literaria; nos dejó clara constancia de ello a través de sus lecturas (conservamos el inventario de sus libros) y de su propia producción, relativamente amplia si tenemos en cuenta su temprana muerte, acaecida en 1466.

La figura del Marqués de Santillana, peculiar en sus modos (recuérdese la descripción que se inserta en las *Coplas de la panadera*, con motivo de la batalla de Olmedo: «Con habla casi estranjera, / armado como Francés, / el noble nuevo Marqués / su valiente voto diera») y singular entre los nobles castellanos del momento por su extraordinaria formación, impresionó sin duda al Condestable; más difícil resulta afirmar, aunque así lo creo, que dicho encuentro fuese determinante para el inicio de una nueva moda: el uso de la lengua castellana en gran parte de la poesía compuesta por portugueses en la segunda mitad del siglo XV. Si bien cabe señalar que la aceptación del español como lengua poética de Portugal no fue sólo resultado del impulso de un individuo, también es cierto que, para bien o para mal, don Pedro fue recordado como el auténtico aclimatador de este uso en el país vecino; además, él es el primer portugués que se sirve de la estrofa castellana por excelencia, la copla de arte mayor, y que construye sus poemas con dos útiles básicos en los grandes *decires* españoles, la alegoría y la cita clásica.

Junto a la prosa del Condestable (su *Sátira de felice e infelice vida* y alguna epístola), las *Coplas del contempto del mundo* y la *Tragedia de la insigne Reina doña Isabel* (en que alterna prosa y verso, con modelo en Boecio) ponen de manifiesto su uso continuo del español, en fuerte contraste con la norma peninsular hasta mediados del siglo XIV. ¿Tuvo algo que ver el *Prohemio e carta* en este cambio idiomático? Es difícil responder, si bien es cierto que el Marqués nos muestra el castellano como lengua poética del presente (del Reino de Castilla, por supuesto) frente al gallego-portugués, vehículo poético del pasado (de Castilla, una vez más). Puede ser que don Pedro quedase impresionado por la fuerte pujanza de una lengua que conocía bien y que, más que nunca, se mostraba como un excelente útil literario, como el Marqués le recuerda y él parece asumir desde su *Sátira* (entre 1449 y 1453) a su *Tragedia* (*ca.* 1457).

I

1 – 'Prohemio e carta'

> Comienza la epístola que el Marqués de Santillana embió al Illustre señor don Pedro, Condestable de Portugal, fijo del Infante don Pedro, Regente de Portugal.

Este es el comienzo de nuestro opúsculo en una de las ramas de la tradición manuscrita, la que arranca de un códice que perteneció a la antigua biblioteca de los Señores de Batres; en él, se refleja tan sólo su carácter epistolar, sin dejar de dar noticia del emisor y receptor en lo que puede considerarse la paráfrasis de una *salutatio* (en nuestro texto crítico, ésta se ofrece así: «Al yllustre señor don Pedro, muy magnífico Condestable de Portogal, el Marqués de Santillana, Conde del Real, etc., salud, paz e deuida recomendaçión»). Muy parecido es el título utilizado años más tarde por Martín Sarmiento en sus *Memorias para la Historia de la Poesía*, que, además, pretendía indicar el contenido de la misiva: *Carta del Marqués de Santillana sobre la poesía*.[1]

Tomás Antonio Sánchez, tras los pasos de Sarmiento, nos brinda la primera edición completa del opúsculo en 1779, con una nueva denominación, que toma de uno de los testimonios manuscritos conservados, el denominado códice de Alcalá: *Proemio al Condestable de Portugal sobre las obras;* además, en sus «Notas al Proemio o Carta» indica que dicha obra «se puede intitular propiamente *Discurso sobre el origen de la poesía castellana*».[2] Aparte de este último título, en que se intenta reflejar la materia de que se trata, la novedad radica en el uso del término *proemio* y, en especial, del binomio *proemio y carta*, presente en los principales manuscritos, a la cabeza de los cuales hay que situar el que el Marqués envió con toda probabilidad a su sobrino Gómez Manrique (ms. 2655 de la Biblioteca Universitaria de Salamanca):

> Comiença el prohemio e carta quel Marqués de Santillana enbió al Condestable de Portugal con las obras suyas. (fol. 5r.)

---

1. Sarmiento, *Memorias para la Historia de la Poesía* (Madrid, 1775), I, p. 148.
2. T. A. Sánchez, *Colección de poesías castellanas anteriores al siglo xv* (Madrid, 1779), I, p. XLVIII y p. 1, respectivamente.

Proemios y *cartas* pertenecen a universos próximos pero claramente diferenciados: la presencia del primero se justifica sólo en unión de la obra o grupo de obras que introduce; la carta, sin embargo, no precisa de ningún compañero de viaje, pues puede empezar y acabar en sí misma. Ambas formas literarias entran en contacto cuando el *proemio* o *prólogo* implica de modo explícito un destinatario, particular o colectivo; años después, el *proemio* o *prólogo* medieval se bifurcará en un intento de llegar a un lector o lectores en especial (*dedicatoria*) y al conjunto del público (*prólogo*), con un testimonio tan temprano como el de una anotación a Alfonso de Cartagena en su traducción del *De clementia* de Séneca (ms. 9990 Bib. Nacional):[3]

> E deue notar el lector que quando dize *prólogo*, antes del comienço del tractado, entonçes fabla el Obispo [Alfonso de Cartagena, Obispo de Burgos] al señor Rey [Juan II], e quando dize *introdución* entonçes fabla con los oyentes. (fol. 1rb.)

Sin embargo, como señala Tore Janson, existe una categoría intermedia que, desde el mismo Cicerón, unifica ambas formas, *proemio* y *carta*:

> It must be noted also that there exists a sort of intermediate form between the epistolary preface and the ordinary letter, namely letters sent by an author with his work to a particular addresser but apparently not intended to stand as a preface in the published work.[4]

En numerosas ocasiones, la carta iba escrita en el mismo libro y no aparte, como ocurre con Estacio y sus *Silvae*, que diseñó una introducción epistolar para su colección de poemas. Esta es ya una forma plena de *prólogo-carta*, similar a la que Marcial usa como prefacio a los libros primero y segundo de sus *Epigrammata*, que funcionan como auténticos manifiestos literarios. El prólogo epistolar llegó a utilizarse incluso en recopilaciones de textos teatrales, tal como nos lo muestran algunos códices con tragedias de Séneca o Pomponio.

No creo que exista un vínculo directo entre los ejemplos anteriores y el texto del Marqués, extraordinariamente próximo al modelo teórico descrito por Janson: don Íñigo no compone tanto un prólogo en forma epistolar cuanto una carta a un destinatario específico con el propósito de presentar

---

3. Fuera de este ejemplo, es correcta la afirmación de A. Porqueras Mayo: «El prólogo aparece normalmente en los libros, aunque muchas veces cumple el oficio de una mera dedicatoria. En el Siglo de Oro no habrá confusión posible entre *prólogo* y *dedicatoria* y en general existirán ambos preliminares en un mismo libro. Por el contrario, en el siglo xv no existe, prácticamente, la dedicatoria como tal, y el prólogo hace sus veces», *El prólogo como género literario. Su estudio en el Siglo de Oro español* (Madrid: C.S.I.C., 1957), p. 86.

4. T. Janson, *Latin Prose Prefaces: Studies in Literary Conventions* (Estocolmo: Acta Universitatis Stockholmensis (Studia Latina Stockholmensia, 13), 1964), p. 106.

una colección de poemas propios.[5] Con todo, parece que, en algún momento, el Marqués de Santillana llegó a la conclusión de que su carta, redactada para un envío particular, tenía valor suficiente *per se* y, por tanto, podía incluirla como pieza autónoma en algunos de sus cancioneros; así lo pone de manifiesto su inserción, a modo de prefacio, en el códice salmantino a que antes he aludido, procedente sin duda del escritorio de don Íñigo.

En esa segunda fase de la vida literaria de nuestro opúsculo podrían haberse producido algunas modificaciones textuales, adiciones o mutilaciones, con el propósito de eliminar los rasgos puntuales presentes en toda misiva (como ocurre en otras cartas del Marqués); con la supresión de tales posibles referencias, quizás se facilitaba su inserción en códices enviados a destinatarios diferentes. De todos modos, sospecho que este fenómeno no tuvo lugar en ningún momento y que el texto que nos ha llegado es el mismo que leyó el Condestable don Pedro, pues, de otro modo, habría desaparecido también la propia *salutatio*, presente en la totalidad de los manuscritos que lo conservan. Todo indica que el Marqués de Santillana planteó su carta como una exposición teórica de limado estilo; así pues, cabía desprenderse de toda referencia puntual al estado del emisor y el receptor y sus respectivos problemas. Más que en ninguna otra carta conservada, don Íñigo, al escribir a don Pedro, emprendía un auténtico ejercicio literario. El resultado de tal tarea fue, sin duda alguna, de su agrado.

La carta al Condestable de Portugal se había convertido en una obra más de la que don Íñigo se sentía orgulloso, razón por la que, en sus últimos años de vida, decidió incluirla en el cancionero enviado a su sobrino; en dicho códice, por orden propia o quizás por iniciativa del copista, se añadió la rúbrica que ya hemos visto, en que el opúsculo se califica de *prohemio e carta*. ¿Ocurriría lo mismo en el cancionero regalado al Condestable? ¿Figuraba la obra en los folios iniciales del códice de don Pedro y con una rúbrica similar? No lo creo por varias razones que, en algún caso, ya he indicado: 1) Las rúbricas del manuscrito salmantino son en buena medida obra del propio copista, como han sospechado numerosos investigadores;[6] por ello, debemos ser cautos antes de admitir que el término *prohemio* fue acuñado por el Marqués para aludir a un prólogo epistolar situado al inicio del códice. (Sólo usa esta palabra al final del opúsculo, que denomina *prohemio*).

5. Esta distinción impide asociar el prólogo epistolar de *La Celestina* y nuestro opúsculo, a pesar de cierta afirmación de Porqueras Mayo: «En un mismo plano de equivalencia de uso y significado podemos colocar el *prólogo, proemio, prefacio* y *exordio*. En algunas ocasiones *argumento, introducción* y *epístola* o *carta* son también claros sinónimos de prólogo. Son, por ejemplo, importantísimas las "epístolas-prólogos" del Marqués de Santillana, dirigida al Condestable de Portugal, y la de *La Celestina*», *ibid.*, p. 87. La introducción de la obra de Fernando de Rojas es un excelente ejemplo de prólogo a manera de carta.

6. Por eso, M. A. Pérez Priego, M. Kerkhof y yo mismo, entre otros, hemos empleado los corchetes en los títulos de los poemas y textos en prosa del Marqués que hemos editado. Ello no obsta que admitamos que el copista recoge muchas veces un título brindado por don Íñigo.

2) La *salutatio* con que comienza el texto nos indica muy a las claras que nos hallamos ante una carta; además, puede rastrearse algún elemento más perteneciente al género epistolar, cuyas muestras −a no ser en el caso de las series de cartas literarias− se brindan generalmente a modo de textos individuales y autónomos. 3) Por fin, para dar mayor fundamento a nuestras sospechas, las escasas noticias que podemos tener del cancionero de don Pedro de Portugal, que revisaremos en breve, indican que la carta no se había copiado al comienzo del mismo.

El *Prohemio e carta* no es otra cosa que una carta de envío, una auténtica *Carta-prólogo* (que no prólogo a manera de carta) que gustó al Marqués de modo especial por su condición de escrito erudito; así, a diferencia de lo ocurrido con otras epístolas de envío, las de doña Violante de Prades y Pedro de Mendoza, decidió incluirla entre sus obras en su última recopilación conocida, donde, perdido el carácter de carta particular, recibió la denominació de *prohemio e carta* con la que lo conocen los especialistas en literatura española medieval.

2 – Fecha del 'Prohemio e carta'

El primer intento de datación de nuestro opúsculo lo hizo el mismo padre Sarmiento en su edición fragmentaria de 1775, con unas conclusiones harto curiosas:

> No pone fecha, pero habiendo sido el año 1441 quando el Condestable estaba ya en la Regencia, y cumplir este año de 1741 trescientos años redondos de antigüedad dicha carta, supongámosla con esta fecha.[7]

Esta caprichosa fecha no podía mantenerse tras un mínimo estudio de la carta del Marqués, que, con su nueva revisión, Tomás Antonio Sánchez situaba no antes de 1455.[8] En esa misma época, el erudito Rafael de Floranes redacta una respuesta a la datación sugerida por Sánchez con el título de «En las notas a la Carta del Marqués sobre la poesía», incluida en su edición de los *Proverbios*, que jamás llegó a publicarse (ms. 11264-20 Bib. Nacional); aquí, con fino tacto, se adelanta en más de medio siglo a las precisiones de José Amador de los Ríos, aunque su aportación haya pasado desapercibida para la crítica:

7. M. Sarmiento, *op. cit.*, pp. 149-150.
8. T. A. Sánchez propone unos márgenes que van de 1455 a 1458 por varias razones: la edad avanzada del Marqués, la edad del propio Condestable (tras leer al padre Mariana, deduce que nació no antes de 1431) y, sobre todo, incurriendo en un craso error, por el hecho de que en el que él supone ser el cancionero del Condestable se encontraba el *Doctrinal de privados* (1453) y también las muy tardías *Coplas a Nuestra Señora de Guadalupe* (1455), *op. cit.*, p. 3. Sánchez hace una lista de los códices que conoce en su «Catálogo de las obras impresas y manuscritas de Don Íñigo López de Mendoza, Marqués de Santillana y Conde del Real», *ibid.*, pp. XXXIV-XLVIII.

Parece poco segura la opinión de que el Marqués la huviese escrito después del año 1455, pues en el principio della abla del Infante D. Pedro, Duque de Coímbra, como de un personage que aún vivía; y aviendo muerto este señor en el año 1449 (como refieren la *Crónica* de Nuestro Rey D. Juan II en este año, cap. 115; Zurita, *Anal. de Aragón*, lib. 15, cap. 56, al fin tom. III, y Sigüenza, *Hist. de la Relig. De S. Geron.* Parte II, lib. III, cáp. 26, pág. 542) y privado el Rey D. Alonso a su primo D. Pedro del empleo de Condestable, que aún poseía quando el Marqués le escrivió dicha carta. Tributándole este título, es preciso que se hubiese escrito o en el mismo año 1449 o antes de él. (fol. 33r.)

Quizás Amador de los Ríos conocía este como otros papeles de Floranes; me extrañaría mucho lo contrario. El olvido del manuscrito de los *Proverbios* ha llevado a suponer hasta ahora que el autor de la *Historia crítica* fue el primero en refutar la opinión de Tomás Antonio Sánchez, estableciendo unos límites cronológicos que van de 1443 a 1449; el primero de los años sorprende, pues no concuerda con los datos que brinda un documento exhumado por el propio Amador, la toma de posesión de los títulos de Marqués y Conde por don Íñigo, el 8 de agosto de 1445 (posee ambos cuando redacta la carta al Condestable, como consta en la *salutatio*); por lo que respecta a la fecha de 1449, después de usarla como término *ad quem*, Amador afirma que es seguramente el año en que se redactó la misiva, aunque no brinda datos que corroboren su opinión.[9] Carolina Michaëlis de Vasconcellos y Teófilo Braga, en el ámbito portugués, apostaron más tarde por los mismos límites cronológicos propuestos por el erudito español (1445-1449), al igual que la mayoría de los estudiosos del Marqués;[10] otro filólogo luso, José Pedro Machado, ha errado posteriormente al defender la idea de que el *Prohemio e carta* fue compuesto en 1444, desandando lo andado desde la época de Amador de los Ríos.[11]

9.   Amador indica –y coincide con mis propias investigaciones, como se verá enseguida– que tal fecha se deduce por la presencia del *Bías contra Fortuna* (1448) en el cancionero enviado al Condestable; aunque considero correcta su afirmación, desconozco los datos en que se basa, si bien sospecho que Amador parte del inventario de los libros de don Pedro, que constituye el argumento fundamental en defensa de dicha fecha, según podrá comprobarse más adelante. El erudito español concluye: «Estos datos irrecusables nos persuaden por tanto a tener por seguro que el Condestable don Pedro pidió y obtuvo el Cancionero del Marqués en 1449, en que frisaba ya con los veinte años y contaba don Íñigo cincuenta y uno», *Obras de Don Íñigo López de Mendoza, Marqués de Santillana* (Madrid, 1852), pp. LXXIX-XC (p. XC). Previamente, Amador había desmontado la teoría de Sánchez por completo al demostrar que el supuesto códice del Condestable no era otro que el cancionero enviado a Gómez Manrique.

10.   *Vid.* T. Braga, *Poetas Palacianos (Século XV)* (Lisboa, 1871), pp. 159-160, y C. Michaëlis de Vasconcellos, «Uma obra inédita do Condestável D. Pedro de Portugal», *Homenaje a Menéndez y Pelayo* (Madrid, 1899), t. I, p. 654, n. 1.

11.   J. P. Machado, «A data do "Proémio e Carta" do Marqués de Santilhana», *Lingua e Cultura*, 2 (1972), 157-184. Como muestra de la buena acogida que, de siempre, ha tenido la datación de Amador de los Ríos, cabe señalar que es la aceptada por Rafael Lapesa en *La obra literaria del Marqués de Santillana* (Madrid: Ínsula, 1957), p. 248.

Como acabamos de ver, la fecha de 1445 se deduce gracias al documento aportado por Amador; lo mismo ocurre con el año de 1449, propuesto por el estudioso decimonónico tras tener en cuenta dos sucesos históricos:

1) El padre del Condestable, el Infante don Pedro de Portugal, murió en 1449 en Alfarrobeira; sin embargo, en la carta del Marqués aún se menciona en el exordio como persona viva.

2) En 1449, Alfonso V de Portugal retiró el título de Condestable a don Pedro.

A la vista de estos datos, podemos resumir con Maxim Kerkhof que «não podemos chegar senão à conclusão de que o 'Proemio e Carta' deve ter sido escrito *entre 1445 e 1449*, sendo o ano de 1446 a data mais provável».[12] La posible redacción en 1446 que propone Kerkhof debe convertirse, cuando menos, en término *a quo*; me gustaría aducir un nuevo dato, olvidado por la crítica, que refuerza tal datación:

Juan II otorga a Íñigo López los títulos de Marqués y Conde (8-VIII-1445)
Fernán Pérez de Guzmán le dedica sus *Quatro virtudes* con posterioridad a esa fecha (aparece como Marqués).
El Marqués de Santillana cita las *Quatro virtudes* en el *Prohemio*, y afirma que no hace mucho que se han escrito.

Con estas tres referencias delante, se puede señalar que la única fecha posible *a quo* para la redacción del *Prohemio e carta* es la de 1446; pero aún cabe considerar un dato más de enorme importancia.

Carolina Michaëlis de Vasconcellos publicó en 1922 la *Tragedia de la insigne Reina doña Isabel* con un importante apéndice: el catálogo de la biblioteca que el Condestable llevo a Barcelona al recibir la corona real. El libro señalado con el número 86 es el siguiente:

Item altre *libre* de forma de full, scrit en pergami, posts cubertes de cuyro empremptades, ab quatre gaffets, quatre scudets tots dargent, intitulat en la cuberta, *el marques de Sanctillana*, es tot cobles rimades, e feneix en la penultima carta *e muy fertiles riberas*.[13]

---

12. M. Kerkhof, «Acerca da data do "Proemio e carta" do Marqués de Santilhana», *Portugiesische Forschungen des Görresgesellschaft*, 12 (1972-1973), 1-6 (6); más tajante se muestra en su edición de *La Comedieta de Ponza* (Groninga: Universiteit, 1976), p. 354, en que, al referirse al *Prohemio*, señala: «Obra con toda probabilidad compuesta en 1446, como demostré en mi artículo...». El propio Kerkhof, en carta del 18 de enero de 1982, me comentaba que quizá sería más oportuno colocar un «talvez» en lugar de «a data mais provável».

13. *Tragedia de la insigne reina doña Isabel* (Coímbra: Impresa da Universidade, 1922), p. 141.

Esta última cita pertenece al *Bías contra Fortuna*, poema compuesto en 1448 –año de la prisión del Conde de Alba, a quien se dirige– o poco después, en 1449. Sin lugar a duda, este dato refuerza la sospecha inicial de que estamos ante el códice enviado por don Íñigo, con suficiente base, sin más, por la aparición de éste en el inventario del Condestable: no es extraño que el *Bías*, la última composición creada por el Marqués en ese momento, cierre el cancionero enviado a don Pedro. Por otro lado, el extraordinario lujo del manuscrito sólo se justifica como un regalo entre nobles: la encuadernación en terciopelo, con broches y cuatro escudos de plata, son una clara señal, pero, además, el soporte del texto es en su totalidad de pergamino, algo poco común en cancioneros (las copias de mayor relieve se sirven de cuadernos en que se combina papel y pergamino, como sucede con el manuscrito salmantino que contiene las obras del Marqués).

Antes de seguir adelante, debemos reparar una vez más en el exordio del *Prohemio e carta*, pues ahí se indica que el Condestable había pedido a don Íñigo –y, sin duda, es lo que recibió– una copia de «los dezires e canciones mías». ¿Dificulta esto en alguna medida mis suposiciones anteriores? Así pueden creerlo cuantos se dejen arrastrar por el título de la antigua edición del Marqués de Santillana preparada por Vicente García de Diego, *Canciones y decires*,[14] cuyo contenido está constituido exclusivamente por poemas menores: canciones y decires líricos. Sin embargo, basta haber trabajado un poco con poesía de cancionero para saber que ambos términos son de carácter general y engloban el conjunto de los poemas diseñados para el canto (*canciones*) y la recitación (*decires*). Por ello, cabe postular que el cancionero del Condestable, antológico o pretendidamente completo, incluía los grandes decires narrativos de don Íñigo, entre los que hemos de colocar el *Bías*. Visto así el problema, se hace innecesaria la inteligente sugerencia de Miguel Ángel Pérez Priego, para quien el *Bías* pudo copiarse años después (el inventario es casi veinte años posterior a la fecha que propongo para la carta y el envío del cancionero).[15]

Un último vistazo a la entrada 86 del inventario de los libros de don Pedro debe centrarse en la indicación «es tot cobles rimades», que constituye una prueba adicional (correspondiente al tercero de los puntos que indicaba más arriba) para aceptar que la carta de don Íñigo iba copiada fuera del cancionero; ambos, el corpus de poemas y la epístola, se enviaron a finales de 1448 o, muy probablemente, en 1449 desde Guadalajara a tierras portuguesas.

---

14. Publicada por vez primera en Madrid: La Lectura, 1913 (Clásicos Castellanos, 18).

15. M. A. Pérez Priego, «Composiciones inéditas del Marqués de Santillana», *Anuario de Estudios Filológicos*, 3 (1980), 129-140 (130, n. 7).

3 – Razón y forma de la epístola

La carta es una forma literaria que implica necesariamente un emisor y un receptor (general o particular, real o figurado), contacto entre ambos y, en el momento de la redacción, distancia física. Para James Murphy, la intención de una carta se puede resumir en los siguientes términos:

> An epistle or letter then, is a suitable arrangement of words set forth to express the intended meaning of its sender. Or in other words, a letter is a discourse composed of coherent yet distinct parts signifying fully the sentiments of its sender.[16]

La especial configuración de la epístola al Condestable de Portugal lleva a dejar de lado el tono informativo común en una carta y a adoptar una actitud magistral palpable a lo largo de la composición; por ello, el *Prohemio e carta* también se olvida de uno de los rasgos más característicos de la literatura epistolar: la exigencia de respuesta por parte del receptor. Si se repara, el Marqués no invita a contestar a don Pedro ni siquiera en la *conclusio*, pues no ha escrito la epístola para recibir su respuesta sino su aplauso y admiración.

El propósito del *Prohemio e carta* no difiere del de otras muchas misivas: pedir o procurar algo que el receptor puede brindar.[17] En este caso, don Íñigo desea inclinar los gustos del Condestable hacia su propio lado; si lo consigue, habrá obtenido la confianza e incluso el afecto de uno de los personajes más importantes en el panorama político peninsular de mediados del siglo XV; para ello, el Marqués cuenta con un útil idóneo: la estructura marcadamente retórica de una epístola, palpable a través de las preceptivas de este género, las conocidas *artes dictaminis*.[18] Aun cuando, sin duda, muchos autores jamás habían visto uno de estos tratados teóricos, su influjo indirecto fue de gran importancia: bastaba con ver otras cartas escritas de acuerdo con los patrones brindados por las *artes dictaminis* o *dictandi*.[19]

---

16. J. J. Murphy, *Three Medieval Rhetorical Arts* (Berkeley: University of California Press, 1971), p. 7.

17. Keith Whinnom, a la luz de las afirmaciones presentes en algunas *artes dictaminis*, ha llegado a decir: «se escribía una carta únicamente para pedir algo»; véase su edición de Diego de San Pedro, *Cárcel de Amor*, en *Obras completas, II* (Madrid: Castalia, 1971), p. 54.

18. En la Península Ibérica, dichos tratados han sido objeto de estudio para Charles Faulhaber, que ha señalado la presencia de las obras europeas fundamentales en «Retóricas clásicas y medievales en bibliotecas castellanas», *Ábaco, 4* (Madrid: Castalia, 1973), pp. 151-300; las preceptivas dictaminales escritas por españoles las ha estudiado en otro extraordinario trabajo, «Las retóricas hispanolatinas medievales (s. XIII-XV)», *Repertorio de Historia de las Ciencias Eclesiásticas en España*, 7 (1979), 11-65.

19. El propio San Agustín había intuido esta posibilidad, como recuerda Peter Dronke en una referencia a las *artes poetriae*: «Con poetas consagrados existen, como observa sagazmente Agustín en el fragmento de elocuencia, algunas otras posibilidades: ellos pueden tener una

4 – Ventajas del diseño epistolar

La distancia física entre don Íñigo y don Pedro parece ser la razón fundamental por la que el primero redacta su epístola de envío, como antes he señalado; sin embargo, tras leer el *Prohemio e carta* y comprobar que nos hallamos ante una mera exposición teórica que carece casi por completo de alusiones puntuales al emisor y receptor, cabe preguntarse si era conveniente echar mano de dicha forma literaria. Desde luego, si el Marqués quería dar una pequeña lección de historia de la poesía, quizás cabía esperar la presencia de un breve tratado teórico, sistema de exposición del gusto de sus contemporáneos; por ello, debemos indagar cuáles son las ventajas del sistema elegido por don Íñigo.

Para comenzar, la inserción del corpus teórico en una carta implica, a mi modo de ver, una mayor relación entre el mensaje y su destinatario: don Pedro podría comprobar que el Marqués se había tomado el tremendo esfuerzo de redactar un opúsculo erudito sólo para dicha ocasión; en sus manos quedaba valorar un detalle, que, sin duda, le halagaría sobremanera. Descartada la forma de tratado teórico, hay que eliminar también el posible uso de un simple *prólogo*, que el Marqués, como otros autores cuatrocentistas, emplea tan sólo como dedicatoria de una obra determinada (en esos casos, echa mano del término *proemio*): así ocurre con los *Proverbios* y el *Bías*, a diferencia de lo que sucede con las copias que regala al Condestable de Portugal, a la Condesa de Módica y al Señor de Almazán, a las que únicamente adjunta una carta de envío.

Como comprobamos en copias posteriores, el opúsculo teórico enviado al Condestable se asoció siempre a la figura del noble portugués, a quien el Marqués de Santillana honra por medio de la *salutatio*:

> Al yllustre señor don Pedro, muy magnífico Condestable de Portugal, el Marqués de Santillana, Conde del Real, etc., salud, paz e deuida recomendaçión.

En ella, don Íñigo incluye una *intitulatio* (nombre y dignidad de quien envía la carta), una *inscriptio* (nombre y dignidad de quien la recibe) y la *salutatio* propiamente dicha.[25] Este modelo se corresponde con el propuesto

---

25. Carol D. Lahham, *Salutatio Formulas in Latin Letters to 1200: Syntax, Style and Theory*, Münchener Beiträge zur Mediavistik und Renaissance-Forschung, 22 (Munich: Arbesgesellschaft, 1975), p. 7. En referencia a la *Carta a Pedro González de Mendoza* y al *Prohemio e carta*, Carol A. Copenhagen indica que son algunos de los pocos ejemplos de *salutatio* completa en Castilla durante el siglo XV, «Salutations in Fifteenth-Century Spanish vernacular letters», *La Corónica*, 12 (1984), 254-264 [257].

por Brunetto Latini en el libro tercero de su divulgadísimo *Libro del Tesoro* (cap. XVI, «Des V parties des letres escrites que l'en envois as gens les uns as autres»):

> Salus est le commencement de la letre, ki nome ciaus ki mandent et ciaus ki reçoivent les letres, et la dignité de chascun et la volenté de coer ke cil ki envoie a contre celui ki reçoit; ce est a dire que s'il est ses amis, il li mande salus et autres dous mos ki autant valent et plus; et se c'est anemis il se taist ou il li mande aucun autre mot covert ou descovert de mal; et s'il est graindres, il li mande paroles de reverence.[26]

El orden de la *intitulatio* y la *inscriptio* y la forma de la *salutatio* dependen de la categoría social del emisor y el receptor y de la relación existente entre ambos; así, el Marqués tiene en cuenta la dignidad del Condestable y su propio deseo de ganar el beneplácito del noble portugués al anteponerlo en la epístola (se trata, por tanto, de una carta *prescrita*, pues «the name of the recipient is written first»)[27] y al recomendarse a su persona. Una vez más, resulta precioso el testimonio de don Enrique de Villena en sus glosas a la *Eneida*:

> ansí como el mayor escriviendo al menor [...] por salutaçion significa desee su salud e bien, ansý el menor escriuiendo al mayor por la

26.   B. latini, *Li livres dou Tresor*, ed. Francis J. Carmody, Pub. in Modern Philology, 22 (Berkeley: University of California, 1948), p. 334; en la biblioteca de Osuna se encontraba un ejemplar en catalán que contenía el libro III (Retórica, en que adapta el *De inventione* ciceroniano) del *Tesoro*, según recoge Mario Schiff, *La bibliothèque du Marquis de Santillane* (París: Bouillon, 1905), p. 380. La traducción castellana del *Tesoro*, obra de Alonso de Paredes, aparece, en algunos casos, como tratado compuesto por Alfonso X, como ocurre con el ms. 9-1059 de la Real Academia de la Historia, del que adjunto el pasaje completo sobre las cartas: «Salutación es comienço de las letras, en que nombran aquellos que reçiben o enbían las letras, e la dignidat de cada vno e la voluntad del coraçon que [aquél que envía ha contra] aquel que las resçibe, que quiere dezir que sy aquel que las resçibe es su amigo, enbíale saludes e algunas otras palabras que valen tanto o más; e sy es enemigo, cállase e envíale dezir algunas palabras encubiertas o descubiertas de mal; e si es grant señor, enbíale dezir palabras de grant reuerençia, e otrosý deue enbiar dezir al su ygual e al menor aquello que cada vno cae, en manera que no aya yerro en poner ý de más nin de menos. E sabet qu'el nonbre de aquel que es mayor e más digno deue ser puesto ante, sy non es por cortesía o por omildança o por otras algunas cosas semejantes a éstas. Del prólogo e del fecho e de su fuerça avedes oýdo desuso, e por ende non vos dirá [sic] ende agora más. Los dictadores se acuerdan bien a la çiençia de Tulio, mas la demanda deuedes saber que es aquella partida al [sic] que la letra o el mensajero demanda el fecho de aquello que quiere, en rogando o en demandando o en menazando o en consejando o en otra manera, porque el cuyda aver la voluntad de aquel a quien la enbía. E quando el dictador a acabado su demanda e mostrado sus confirmamientos, faze la conclusión, que es la fin de sus dichos, en que él ençierra la fin de cuento en cómmo es o en cómmo puede acaesçer». (fol. 192.)

27.   J. J. Murphy, *Three Medieval...*, op. cit., p. 7.

rrecomendaçión significa quiera su vida e prosperidat en cuya protec-
çión confía a quien se rrecomienda.[28]

El Marqués no sólo respeta la norma epistolar fuera de los límites del
Reino de Castilla (recordemos que un condestable representa el primer
noble en rango tras la familia real) sino que está haciendo claro uso de una
de las formas de *captatio benevolentiae* que abundan en el *Prohemio e carta*;
con este mismo propósito, don Íñigo había redactado otra carta prescrita, sin
el saludo final, al escribir a doña Violante:

A la muy noble Señora doña Violante de Prades, Condesa de Módica e
de Cabrera, Ýñigo López de Mendoça, Señor de la Vega.[29]

No sólo la *salutatio* y el exordio permiten aproximarse al destinatario: el
Marqués pone de manifiesto la ventaja del modelo epistolar sobre la forma de
un tratado por la posibilidad de utilizar una forma especial de *captatio
benevolentiae* consistente en continuas alusiones al Condestable, que se
insertan incluso en la *narratio* (el número colocado delante hace referencia a
la división del texto propuesta por Amador de los Ríos, aceptada por otros
críticos):

I-   [...] la *vuestra magnifiçençia*. En uerdad, *señor* [...] la *vuestra
nobleza* [...] Porque, *señor* [...] E asy, *señor* [...] Pero, muy
uirtuoso señor [...].

II-   [...] que uos, *señor*, demandades [...] *uuestras graçiosas demandas* [...] la *vuestra prudençia*.

Como cabía esperar, su frecuencia disminuye en el interior del texto, en
la *narratio*:

III-   E çiertamente, *muy uirtuoso señor*.
IX-   Cómmo pues o por quál manera, *señor muy virtuoso* [...]
XV-   Acuérdome, *señor muy magnífico* [...].

Y aumenta de nuevo al cierre, pues el inicio y final de un discurso
son las partes que soportan un mayor número de elementos que persi-
guen la *captatio benevolentiae* (como ya señalaba Martianus Capella, el
exordium y el *epilogus* son las «partes quibus movemus iudices» en un
discurso forense):[30]

---

28. Ms. 17975 BNM, fol. 1v.
29. *Obras completas, op. cit.*, p. 435.
30. *Vid.* H. Lausberg, *Manual de retórica literaria* (Madrid: Gredos, 1983³), vol. I, p.
239.

XX-   ... de todos me tengo por dicho que *uos, muy noble señor...* e non uos marauilledes, *señor...*

y en la última de las divisiones propuestas por Amador:

XXI-   ... *muy magnífico señor* ... la *vuestra magnifiçençia* ... *señor muy virtuoso...* Por tanto, *señor* ... la *vuestra magnifiçençia* ... *vuestro muy eleuado sentido e pluma.*

Si expresamos la disposición de los elementos anteriores por medio de dígitos, obtenemos el siguiente resultado (el primer número indica la frecuencia de las fórmulas de *captatio*, el que va entre paréntesis remite a las subdivisiones de la obra establecidas por Amador de los Ríos):

$$6 \ (1) - 3 \ (2) - 1 \ (3) - 1 \ (9) - 1 \ (15) - 2 \ (20) - 6 \ (21)$$

Sorprende la simetría que resulta de tal aproximación; por otro lado, queda clara la mayor abundancia de fórmulas de respeto al comienzo y cierre del discurso, como era de esperar. Hace unos años, Francis Ferrie señaló el fuerte retoricismo que se percibe en el *Prohemio e carta* y su construcción en consonancia con las normas propuestas por las *artes dictaminis*, aunque no aportaba datos que avalasen su sugerencia;[31] ahora, tras determinar las ventajas que le supone el modelo epistolar al Marqués, queda claro hasta qué punto es legítima la afirmación del investigador norteamericano. Sin embargo, para conseguir su propósito de impresionar al Condestable, don Íñigo debía cuidar el cuerpo de la exposición teórica con el mismo celo que había puesto en preservar las fórmulas epistolares de respeto.

5 – Un discurso apologético

Un buen regalo es mejor que un regalo cualquiera. Así pensó don Íñigo al acometer la empresa de redactar su epístola al Condestable, cuyo núcleo está formado por una sucinta revisión de la historia de la poesía desde sus orígenes hasta el presente; de ella se sirve para esbozar una defensa del oficio poético frente a posibles críticas, aspecto que veremos más adelante, y para presentarse ante don Pedro como el verdadero paradigma de poeta erudito

31.   Ferrie señala sólo que «tanto la forma externa como la interna responden únicamente a preceptos retóricos, y sólo de esta manera se podrá entender y estimar su valor para el Humanismo español de esa época: la estructura del *Prohemio* se concibe retóricamente en la tradición medieval del "ars dictaminis"», «Aspiraciones del Humanismo español del siglo XV: Revalorización del *Prohemio e Carta* de Santillana», *Revista de Filología Española*, 57 (1974-75), 190. Esta opinión se encuentra desarrollada en su tesis doctoral; para la afirmación anterior, *vid.* «The Marqués de Santillana and the Rhetorical Tradition», tesis doctoral inédita leída en la Universidad de Tulane, 1974, pp. 103-9.

tan grato a la nobleza del momento. Para conseguir su propósito, el Marqués de Santillana hubo de sopesar con cuidado las distintas partes de su exposición al mismo tiempo que se propuso presentarlas en un orden lógico que atendiera a distintos criterios.

El principio fundamental en la organización teórica del *Prohemio e carta* es el de la cronología, que lleva a separar la Antigüedad de los siglos medievales («Mas dexemos ya las estorias antiguas por allegarnos más açerca de los nuestros tienpos»); es el mismo criterio que se aplica para aludir a las manifestaciones literarias del primero de dichos períodos (Antigüedad bíblica-Grecia-Roma), a diferencia de lo que sucede con el Medievo, en que la cronología deja lugar a una ordenación espacial que, sin embargo, apela a menudo a criterios de tipo cronológico (Italia - Francia - Cataluña, Valencia y Aragón - Castilla [siglo XIV] - Galicia - Castilla [siglo XV]). El Marqués sitúa la poesía italiana por delante de la francesa a pesar de reconocer la prioridad de ésta:

> Pero de todos estos, muy magnífico señor, asý ytálicos commo proençales, lemosís, catalanes, castellanos, portugueses e gallegos, e aun de qualesquier otra nasçiones, se adelantaron e antepusieron los gállicos çesalpinos e de la prouinçia de Equitania en solepnizar e dar honor a estas artes.

Además, comienza su panorama de la poesía medieval en Italia por ser italianos sus autores favoritos, entre ellos su admirado Petrarca; después de éste y de Boccaccio, cita a otros poetas italianos coetáneos o algo anteriores y a un poeta provenzal, Arnaut Daniel, que le sirven de ejemplo al explicar la teoría de los tres estilos. Posteriormente, se pasa revista a la poesía francesa medieval, donde el orden cronológico en que aparecen los autores citados es una vez más el correcto: Jean de Meun y Guillaume de Lorris (s. XIII), Guillaume de Machaut (s. XIV) y dos contemporáneos de don Íñigo, Oton de Grandson (muerto en 1397) y Alain Chartier (nacido en 1385).

Por lo que concierne al estudio de los diferentes reinos peninsulares, en primer lugar aparece la Corona de Aragón y finalmente Castilla, con referencia inicial a la antigua poesía narrativa de los siglos XIII y XIV (alude tan sólo a obras escritas en tetrásticos monorrimos). La aparición de otras modalidades poéticas (arte mayor y común) obliga a romper el orden topográfico para explicar los orígenes de la lírica castellana en lengua gallego-portuguesa; así, se inserta el interesante excurso sobre la poesía de Galicia y Portugal, que se cierra con los poetas de cancionero que se sirvieron de dicha lengua. Alfonso X el Sabio, del que afirma no haber visto sus poemas, abre la nómina de autores castellanos o quizás cierra la de trovadores gallego-portugueses con un ejemplo de autor castellano que compuso en esa lengua (con lo que se justificaría la ruptura del orden cronológico); todo depende de que don Íñigo supiera o no cuál fue la variedad lingüística peninsular usada por el Rey Sabio. La lista de autores que usaron el gallego-portugués es la menos cuidada, pues don Íñigo cita sólo a aquellos poetas que recuerda formaban parte de un cancionero que vio en casa de su abuela doña Mencía de Cisneros; ello difiere de la relación final de poetas castellanos desde la segunda mitad del siglo XIV, en que da numerosos detalles de su obra, especialmente en el caso de aquellos familiares que dedicaron parte de su tiempo a la composición de versos.

Don Íñigo multiplica las referencias en la última sección del *Prohemio e carta*, de tono claramente laudatorio, como ocurre con el resto de la epístola. Si el Marqués pretende escribir una breve defensa y elogio de la poesía, deberá escoger los ejemplos más representativos en cada época, labor que lleva a cabo envolviendo a cada poeta citado con referencias de tipo encomiástico que abundan a lo largo de la composición; así, si don Íñigo, citando a Dante, llama a Homero *soberano poeta* (*Divina Commedia,*, Inf., IV, 88-90), al nombrar a otros vates se expresa del modo siguiente:

— Gayo Çésar, Octauiano Augusto, Tiberio e Tito, *marauillosamente* metrificaron.
— Françisco Petrarca, *poeta laureado.*
— Iohán Bocaçio, *poeta exçellente e orador insigne.*
— Dante escriuió en terçio rimo *elegantemente.*
— Dentre estos vuo *onbres muy doctos e señalados.*
— Miçer Otho de Grandson, *cauallero estrenuo e muy virtuoso* se uuo *alta e dulçemente* en esta arte.
— Maestre Alen Charretiel, *muy claro poeta... en grand elegançia* conpuso...cosas asaz *fermosas e plazientes* de oýr.
— aquellos *grandes philósofos,* Orfeo, Pitágoras...
— Los catalanes, valençianos e aun algunos del reyno de Aragón fueron e son *grandes ofiçiales desta arte...* Vuo entre ellos de *señalados onbres.*
— Guillém de Berueda, *generoso e noble cauallero.*
— Mosén Pero March el Uiejo, *valiente e honorable cauallero.*
— Mosén Jorde de Sanct Jorde, *cauallero prudente...* compuso asaz *fermosas cosas...* fue *músico exçellente.*
— Mosén Febrer fizo *obras nobles.*
— Mosén Ausias March, el qual aún bive, es *grand trobador e omne de asaz eleuado spíritu.*
— [Las obras] del rey don Donís de Portugal... [las] *loauan de inuençiones sotiles e de graçiosas e dulçes palabras.*
— Alfonso el Sabio... *metrificaua altamente.*
— Pero Gonçales de Mendoça, mi abuelo. Fizo *buenas cançiones.*
— Rabí Santó. *Escriuió muy buenas cosas.*
— Alfonso Gonçales de Castro... *dixo asaz bien.*

- [...] ha auido *onbres muy doctos* en este arte,... Alfonso Áluares de Yliescas, *grand dezidor.*
- Miçer Françisco Inperial,... *poeta.*
- Fernand Sanches Calauera... *Conpuso asaz buenos dezires.*
- Don Pero Vélez de Gueuara, mi tío, *graçioso e noble cauallero.*
- Fernand Peres de Guzmán, mi tío, *cauallero docto en toda buena doctrina.*
- Al *muy magnífico duque* don Fadrique, *mi señor* e mi hermano. (no es poeta, sino mecenas).
- Ferrand Manuel de Lando, *honorable cauallero, escriuió muchas buenas cosas de poesía.*

Resulta de gran interés comparar las citas anteriores con otras que don Íñigo inserta en textos diferentes: en la *Carta del Marqués de Santillana a su hijo don Pero Gonçalez, quando estava estudiando en Salamanca,* entre múltiples referencias a vates, es Homero el único que merece uno de estos calificativos («príncipe de los poetas»); en la *Carta a doña Violante de Prades,* sólo Petrarca es el «poeta laureado», olvidando incluso a Boccaccio, que no recibe ningún calificativo; curiosamente, a diferencia de lo que sucede en el *Prohemio e carta,* una de las glosas a los *Proverbios* coincide con el texto anterior al presentar a Boccaccio, del que tan sólo se dice: «Johán Bocaçio, *poeta florentino».*[32] Una vez más, se pone de manifiesto el fuerte retoricismo de la carta al Condestable don Pedro, que no escatima elogios a la bondad moral y artística de cada autor, ingredientes que configuran la *virtus* retórica.[33]

Aún quedan argumentos para respaldar algunas de mis aseveraciones. La idea principal que el lector de cualquier época extrae tras leer el *Prohemio e carta* es la de que la poesía es tarea digna del más elevado de los nobles, pues no sólo nobles y sabios se han dedicado a su cultivo sino que Dios, cuando hubo de dirigirse a los hombres, prefirió la lengua poética. Aunque este es sin duda el argumento fundamental en defensa de la poesía, don Íñigo agota las vías posibles en el momento de diseñar su discurso encomiástico. En la retórica clásica, la teoría de los *status,* en el *genus demonstrativum* al que pertenecería el *Prohemio e carta,* planteaba una defensa en forma de «perífrasis definidora (y descriptiva) del objeto del elogio. En el elogio del hombre se añade la *narratio* del curso de su vida como elemento integrante de la definición».[34] Esa narración de la vida, necesaria en la epideixis de un hombre, puede compararse al relato de la historia de la poesía que se inserta en nuestro opúsculo; del mismo modo, las diferentes virtudes que debemos

---

32. *Obras completas, op. cit.,* pp. 435-37, 455-56 y 244 respectivamente.
33. *Vid.* Lausberg, *op. cit.,* vol. I, pp. 83-84.
34. *Ibid.,* vol. I, p. 223.

considerar al elogiar a una persona se encuentran en la carta al Condestable con el propósito de ensalzar la poesía.

El *status qualitatis,* único en que se resuelve la teoría de los *status* en el *genus demonstrativum,* aborda de forma distinta la defensa de un objeto si es *opus* o *res.*[35] Si consideramos el elogio de la poesía del *Prohemio e carta* como *opus,* hemos de tener en cuenta los elementos encomiásticos que prescribe Quintiliano (*Institutio oratoria,* 3, 7, 27):

a) *ex honore:* antigüedad y carácter divino de la poesía por ser Dios el primero en usarla; además, el oficio poético es propio de nobles y sabios.

b) *ex utilitate:* la poesía es un «fingimiento de cosas útyles» necesaria en toda ocasión: «¿E qué son o quáles aquellas cosas adonde –oso dezir– esta arte así commo neçessaria no interuenga e non sirua?».

c) *ex pulchritudine:* la poesía es bella por su propia forma y la compañía de la música («dulçes bozes e fermosos sones») y por sus contenidos («fermosas e peregrinas ystorias»).

d) *ex auctore:* una vez más, Dios otorga la máxima virtud posible por ser su creador e infundir el don poético en los hombres.

En el caso de que consideremos la poesía como *res,* habremos de contrastar nuestra carta con los criterios propuestos por Prisciano (*Praeexercitamenta,* 7):

a) *ab inventoribus:* los orígenes de la poesía han de buscarse en la Biblia y, por tanto, en Dios.

b) *ab his qui ea usi sunt:* personajes bíblicos, poetas clásicos, nobles de diferentes condiciones, sabios y, una vez más, Dios, que constituye el argumento decisivo.

c) *ex contemplatione eorum qui eas res affectant quales sunt tam animis quam corporibus:* los calificativos acumulados más arriba constituyen la prueba más palpable de la elevada condición de los poetas.

Errará quien piense que, a la luz de estos datos, intento sugerir posibles conexiones entre el *Prohemio* de don Íñigo y dos autores, Quintiliano y Prisciano, conocidos tan sólo por unos pocos y, en el primer caso, a través de *codices mutili.*[36] En las líneas que preceden tan sólo he intentado poner de

---

35. *Ibid.,* vol. I, p. 221.

36. La obra de Prisciano tuvo una gran difusión, pero sólo entre letrados, y se llegó a aplicar al castellano, como se puede comprobar en el ms. 10073 de la Bib. Nacional. La escasa fortuna de la *Institutio oratoria* de Quintiliano en la Península hasta el siglo XVI ha sido puesta de relieve por Charles B. Faulhaber en «Retóricas clásicas y medievales...», *op. cit.* p. 154 y 82-84; sabemos muy bien además que, hasta 1416, los libros V-VIII, IX, X y XII se desconocían de modo total o parcial, como recuerda el célebre estudio de P.S. Boskof, «Quintilian in the Late middle Ages», *Speculum,* 27 (1952), 71-78.

manifiesto que, con el *Prohemio e carta*, el Marqués de Santillana agota todas las vías que le permiten redactar un panegírico de la poesía. Por pura lógica, habría sido difícil no coincidir, aun sin tener contacto alguno, con buena parte de los principios expuestos por algunos teóricos de la antigüedad latina; lo más sorprendente es la exhaustividad y variedad con que se usan en la breve extensión de una epístola.

6 – Un último factor: el estilo

En este caso, analizar algunos de los rasgos estilísticos del *Prohemio e carta* va más allá de la tradicional sección dedicada a este asunto en la mayoría de las ediciones de obras medievales; más bien, su análisis es de una imperiosa necesidad si, una vez más, procuramos precisar la intención que mueve a don Íñigo al escribir su carta al Condestable. La exposición teórica ha sido perfectamente engastada en el marco epistolar, según se ha comprobado en las líneas precedentes; ahora, se hace obligado revisar la lengua del *Prohemio* con el objeto de comprobar si hay o no relación entre una y otra. Adelantando una respuesta afirmativa, he de indicar que, en nuestro opúsculo, don Íñigo hace gala de un estilo altamente retórico, en clara consonancia con los aspectos revisados más arriba.

Por ello, no es de extrañar el abundante uso de cultismos a lo largo de la carta, uno de los fenómenos característicos del estilo cuatrocentista en prosa y verso del que el Marqués se sirve en sus grandes decires narrativos y en dos obras en prosa, dos ejercicios retóricos de diferente índole: la *Lamentación de España* y el *Prohemio e carta*.[37] Por ejemplo, en uno de sus trabajos sobre el cultismo en la obra del Marqués de Santillana, María Isabel López Bascuñana, de una lista de términos introducidos en el siglo XIII, señala que cinco están en el *Prohemio*, aunque realmente se pueden rastrear hasta treinta.[38] Más nos interesa una segunda serie de cultismos, que aparecen por vez primera en la obra de don Íñigo; de la extensa lista aducida por López Bascuñana, esta investigadora indica que veinticinco vocablos aparecen en el *Prohemio e carta*: *ampliar, bucólico, copilar, docto, elegançia, epithalamias, especulación, familiar, fingimiento, fructífero, ínclito, infusos, invención, imi-*

37. La *Lamentación de España* puede leerse en nuestra *Obras completas, op. cit.*, pp. 410-413; los distintos problemas que afectan a este opúsculo se revisan en pp. LXIII-LXV.

38. M. I. López Bascuñana, «Cultismos, arcaísmos, elementos populares y lenguaje paremiológico en la obra del Marqués de Santillana», *Anuario de Filología* (Barcelona), 3 (1977), 279-313; los términos a los que alude son los siguientes (marco las formas que registra en el *Prohemio*): *actoridad, arçobispo* (P), *canción, cántica, çelestial, çelo, certifica* (P), *ciencia, discreçión, discreto, divinidad, dotrina, estudio, philósopho, floresçen, fructales, hospital, humanal, humanidad, infernal, manifiçençia, música, proçesso, silençio* (P) *soberbia, spíritus* (P) *suave, sýlabas* (P), *templo, testimoniar y tractado.* En esta y otras listas respeto las grafías de López Bascuñana.

tar, lascivo, mediocre, ocçiosidat, opulento, prólogo, provecta, reputación, reputar, scandidas, solepnizar, stoyco y *triunphal.*

Sin embargo, olvida que otros veinticuatro términos presentes en otras obras del Marqués se encuentran también en la carta:[39] *cardinales, concurrir, eloquencia,* eloquente, especie, estilo, eternal, excelente, exerçiçio, exhortar,* extrenuos, genealogía, ínfima,* ingenio,* inperfecto,* inquisición,* lauro, locución, marçial,* melodía, modulación notorio, vexaçión* y *vulgar.*

Además, se le han escapado otras dos formas: *sonorosa,* una de las lecciones olvidadas por los editores previos,[40] y *universal,* presente a modo de adverbio. Aun así, la lista es muy incompleta, pues hay otros muchos cultismos de los que el *Prohemio* ofrece un temprano testimonio (algunos aparecen aquí por vez primera): *afecçión, artizadas, conbites, consonar, difuso, dulçeza, elevado, extenso, gállicos, intitular, inuectiuas, occidental, ofiçial,* oppósitos, platicar, plautinos, poema, poesía, poetal, polida, prestante, prohemial, prohemio, prudençia, recontar, scandida, soluta, sublime, terençiano, truncados, volumen,* yllustre, yspalensy, ytálica.*

En uno de los trabajos, López Bascuñana había documentado dos de estas palabras en la obra del Marqués de Santillana, aunque no indicaba su presencia en el *Prohemio e carta.*[41] Fuera de las simples transliteraciones y calcos procedentes de otras lenguas románicas y además de la presencia de neologismos cuatrocentistas posteriormente desaparecidos (*artizados* o *soluta*), hay que señalar el empleo de cultismos que se adelantan en varias décadas al primer testimonio aducido por el *DCE* de Corominas (o su *DCECH,* con J. A. Pascual).[42]

Reparemos en el uso de formas preparoxítonas, siempre retóricas –y, en exceso, afectadas e incluso ridículas– para el oído de un hispanohablante: *bucólico, deífico, délphicos, philósofo, fructífero, ínclito, ínfimo, magnífico.*

39.   Los asteriscos responden al hecho de que las palabras que los llevan se incluyeron en una segunda relación de López Bascuñana, «Santillana y el léxico español (Adiciones al diccionario de Corominas)», *Nueva Revista de Filología Hispánica,* 27 (1978), 299-314, donde señala su presencia en el *Prohemio e carta.*

40.   Luigi Sorrento, en su edición de la obra (*vid.* prefacio), opta por el término *sonoras,* con escaso apoyo en la tradición manuscrita, en el pasaje en que el Marqués expresa su gusto por la poesía italiana. Colin Smith recoge el vocablo en «Los cultismos literarios del Renacimiento: pequeña adición al Diccionario crítico etimológico de Corominas», *Bulletin Hispanique,* 61 (1959), 236-272.

41.   «Santillana y el léxico...», *op. cit.,*

42.   J. Corominas, *Diccionario crítico-etimológico de la lengua castellana,* Madrid: Gredos y Berna: Francke, 1954-57, donde *difuso* se documenta hacia 1525, *dulçeza* (recogida después en el *DCECH* de Corominas y Pascual [1980], sin precisar fecha) en forma de *dulzura* en 1490, igual que *elevado* o *polida;* el caso más extraordinario es el de *inuectiuas,* que Corominas retrasa hasta el siglo XVII.

López Bascuñana se olvida de otras dos formas: *longínica* (lat. *longinqua* ofrece *longincua* en otros miembros de la tradición manuscrita) y el término *çénicos,* que discutiremos con detenimiento en nuestros comentarios al *Prohemio e carta;* ahí se revisará también el uso que se hace de diversos cultismos semánticos (*fingimiento, çibo,* etc.).

En su conjunto, el empleo del cultismo −con una notable presencia de esdrújulos− y, en menos casos, del cultimo semántico confirma la idea de que nos las habemos con una obra fundamentalmente retórica. Otros fenómenos que hemos de considerar son las propias transliteraciones antes indicadas, que abundan en el caso de los términos métricos (*lay, virolay, oppósitos, nouas rimadas, lexaprén, manzobre*), uno de los cuales se nos muestra en la rúbrica de un cancionero de ese mismo período.[43] Por fin, los galicismos más palpables (*après* o *aprés de*), los italianismos (*dulçeza*) y los catalanismos (quizás el sufijo *-eta,* en *obretas,* lo sea) dejan en claro el deseo de don Íñigo de cuidar sobremanera el léxico del *Prohemio e carta.*

Este cuidado hemos de hacerlo extensivo a la sintaxis, con clara tendencia a la frase lenta y cargada y a llevar el verbo al final, como ocurre en latín:

> porque estas obras, o a lo menos las más dellas, no son de tales materias, ni asý bien formadas e artizadas, que de memorable registro dignas *parescan.*

O bien

> Mas commo quiera que de tanta insufiçiença estas obretas mías que uos, señor, demandades, *sean...*

En otros casos, la retardación del final de la frase se produce por medio de incisos más o menos largos, que, unidos a series de oraciones subordinadas, nos pondrían ante el modelo por excelencia de la prosa latina clásica, Cicerón:

> Quánta más sea la exçelençia e prerrogatiua de los rimos e metros que de la soluta prosa, syno solamente a aquéllos que de las porfías iniustas se cuydan adquirir soberuios honores, *manifiesta cosa es.*

Atisbos de la sintaxis latina pueden verse también en numerosas oraciones de infinitivo:

43. En concreto, el término *lay,* que aparece en un poema de Juan de Torres del cancionero SA7; *vid.* Brian Dutton *et al., Catálogo-Índice de la poesía cancioneril del siglo xv* (Madison: HSMS, 1982), t. II, p. 224.

[...] me esfuerço a dezir el metro ser antes en tienpo e de mayor perfección e más auctoridad que la soluta prosa.

O también:

Iohán Bocaçio [...] afirma el Rey Iohán de Chipre auerse dado [...]

Un ejemplo adicional de retoricismo es el uso continuo de *así...commo* y *commo...así* con valor correlativo:

[...] fazen çierto *asý* uuestras graçiosas demandas *commo* [...]
que bien *commo* los fructíferos huertos habundan e dan convenientes fructos [...] *assý* [...], *asý* latinas commo vulgares.
[...] *asý* destos que ya dixe commo de *otros*.

Ambos elementos se unen en comparación:

¿E quién dubda que *así commo* las verdes fojas [...]

Este último ejemplo es una muestra de clausula interrogativa, que, en varias ocasiones, se presenta a manera de *interrogatio retorica:*

¿E qué cosa es la poesía [...]?
¿quál de todas es más prestante [...]?

Y, sobre todo, el siguiente pasaje:

Ca las escuridades e cerramientos dellas, ¿quién las abre?, ¿quién las esclaresce?, ¿quién las demuestra e faze patentes syno la eloquencia dulce e fermosa fabla, sea metro, sea prosa?

En este fragmento, los términos se encuentran en *enumeratio* afectada por la geminación de todos sus miembros. La *amplificatio verborum*, en sus diferentes formas, es fundamental en la composición de nuestro opúsculo; así, podemos analizar la frase anterior del modo siguiente:

Ca las <u>escuridades</u> e <u>çerramientos</u> dellas

¿quién las abre?, ¿quién las esclaresçe?,
      1   2

¿quién las demuestra e faze patentes syno
     3   4

la eloquençia dulçe e fermosa fabla
_____

sea metro, sea prosa?
_____

Como se puede observar, los términos empleados en numerosas geminaciones son sinónimos *vel quasi*; ocurre lo mismo con la pareja *poesía e gaya sçiençia*, en que, además, el segundo término sirve de glosa al primero. Otros ejemplos son *extensa e largamente, forma e manera, solepnizar e dar honor, genealogía e linage, romançistas o vulgares, difícil inquisiçión e vna trabajosa pesquisa, claro e virtuoso, orígine e causa, linage e espeçie* y *estrenuo y virtuoso;* estos dos últimos eran, por otro lado, fórmulas comunes en latín y en romance.[44] A mi modo de ver, estas parejas constituyen una de las mejores y más claras muestras del retoricismo del *Prohemio e carta*.

La forma *eloquençia dulce e fermosa fabla* del fragmento que hemos visto se presenta a manera de quiasmo, como sucede también en otros lugares:

[...] nin se fallaron synon en los *ánimos* gentiles, *claros ingenios* e *eleuados spíritus*.

Hay también un buen ejemplo de frase quiásmica con uso de políptoton:

[...] el primero que fizo rimos *o canto en metro* aya seýdo Moysén, ca *en metro cantó* [...]

El políptoton está presente en otras frases:

E asy, señor, muchas cosas *plazen* agora a uos que ya no *plazen* o no deuen *plazer* a mí.

O bien

estas sçiençias *se ayan acostunbrado* e *acostunbran*.

Quizás el pasaje más rico en recursos de todo el *Prohemio* es el que sigue, formado por bimembraciones, sinónimos, trimembraciones en *enumeratio* y políptoton:

44. Del tipo del *prudens et strenuus* recogido por Brian Dutton en su edición de los *Milagros de Nuestra Señora* de Berceo (Londres: Tamesis Book, 1971), p. 100.

Todo resplandor de eloquençia e todo modo o

$$\underbrace{\qquad\qquad\qquad\qquad}_{A} \quad \underbrace{\underset{1}{\overline{modo}}\ \underset{}{\overline{o}}}_{B}$$

manera de poesía o poetal locución e fabla,

$$\underbrace{\underset{2}{\overline{manera}}\ //\ \underset{1}{\overline{poetal}}\ \overline{locución}\ \underset{2}{\overline{fabla}}}_{B}$$

toda uariedat de honesto fablar houo e houieron

$$\underbrace{\qquad\qquad\qquad\qquad}_{C}\quad \overline{\overline{houo}}\ e\ \overline{\overline{houieron}}$$

començamiento de las Diuinas Escripturas.

La frase también se recarga por medio de paralelismos y repeticiones:

De los griegos quieren sean los primeros [...]

De los latinos Enio fue el primero, ya sea

que Virgilio quieran [...]

Y también series como «...conpuso...fizo...fizo». *Amplificationes* a modo de geminación y paralelismo son la causa de una clara tendencia al uso de elementos anafóricos, como se ha podido comprobar en algunos de los ejemplos precedentes. Si tenemos en cuenta lo visto hasta ahora, queda clara igualmente la calidad retórica de la sintaxis del *Prohemio e carta*, reforzada además por la presencia de numerosas cláusulas rítmicas, similicadencias y rimas plenas.

El sistema de la *amplificatio*, que acabamos de ver, es causa de numerosas similicadencias e impone un ritmo característico a la frase en nuestro opúsculo: el conjunto de las bimembraciones, trimembraciones y enumeraciones en general facilita que así sea. El efecto acústico se percibe mejor cuando se agrupan elementos de morfología similar (recordemos que la similicadencia o *homoioteleuton* y el *homoioptoton* están muy próximos a la *annominatio*) y, a menudo, con una gran cercanía léxica; así, se dan similicadencias y casos de *homoioptoton* (los límites entre ambas formas no están claros en la preceptiva antigua) en ejemplos como:

form*adas* e artiz*adas*.
con el uest*ir*, con el iust*ar*, con el danç*ar*.
est*imo* e rep*uto* (simil.).
busc*aron* nin se fall*aron*.

consist*an* e tiend*an* (simil.).
conpu*estas*, disting*uidas* y scand*idas* (simil. y r.).
cantó en metro e escriuió.
conosç*idas* e esparz*idas*.
metrific*ar* e conson*ar*.
dezid*ores* e trobad*ores*.

El procedimiento puede buscarse entre términos de cuerpo morfológico diferente y en distintos niveles:

estas tales c*osas* alegres e joc*osas*.
graçi*osas* demandas, commo algunas gentiles c*osas*.

Caso notable es el siguiente, en que hay una rima y dos similicadencias:

las dulçes b*ozes* e fermosos s*ones* no apuest*en*
e aconpañ*en* todo rim*o*, todo metr*o*.

La repetición de sonidos finales se aleja en ocasiones, pudiendo llegar a dar la impresión de que estamos leyendo verso:

¿quién las abre?, ¿quién las esclar*esçe*?,
¿quién las demuestra e faze pat*entes*,
syno la eloquençia dulçe e ferm*osa*
fabla, sea metro, sea pr*osa*?

Por regla general, el cuidado de la *compositio* evita que un orden de palabras determinado acentúe en demasía este tipo de concordancias rítmicas, ya que la excesiva proximidad entre verso y prosa está condenada desde los propios preceptistas clásicos:

versum in oratione fieri multo foedissimum
est totum, sed etiam in parte deforme, utique
si pars posterior in clausula deprehendatur
aut rursus prior in ingressu
(Quintiliano, *Inst. Orat.* 9, 4, 72).

Por lo que respecta a los finales de cláusula, el Marqués muestra una continua tendencia a cerrar la frase con un ritmo equivalente al *cursus planus* latino (−uu−u), aunque tengo la completa seguridad de que don Íñigo desconocía los principios teóricos del *cursus ritmicus*;[45] así ocurre en los siguientes casos:

45. Las obras fundamentales para el estudio del *cursus* son la de G. Lindholm, *Studien zum mittellateinischen Prosarythmus. Seine Entwicklung und sein Abklingen in der Briefliteratur,*

...vuestra nobleza.
...dignas parescan.
...vuestra prudençia.
...peso e medida.
...poeta lo llama.
...silençio se fallan.
...morales se llaman.
...bordones discrepan.
...peso e medida?
...lexaprén e manzobre.
...comendables sentençias.
...graçiosas e loables.

También podemos traer a colación el cuidadísimo final del *Proemio* en que la ordenación sintáctica, que desplaza el verbo al final, determina un tipo de lectura equivalente al del *cursus trispondiacus* tras dos dáctilos:

...no menos délficos que marçiales honores e glorias obtengades.

En resumen, el ritmo de la prosa del *Prohemio e carta* se ha cuidado tanto como su léxico y sintaxis y no menos que el marco epistolar y los contenidos teóricos que presenta, según se ha podido comprobar en las páginas previas. Sólo ahora puede entenderse en su justa medida la idea que he repetido una y otra vez: la carta que don Íñigo López de Mendoza envió al Condestable don Pedro de Portugal es de un fuerte retoricismo que se explica por su deseo de ganarse el ánimo del joven noble portugués. El Marqués, sin duda, se sentiría satisfecho cada vez que un noble o un letrado le mostrase admiración y respeto por sus grandes conocimientos; así se justifica el papel de maestro que juega con propios y ajenos en las cartas que

---

Estocolmo: Acta Universitatis Stockholmensis (Studia Latina Stockholmensia, 10), 1963, y T. Janson, *Prose Rhythm in Medieval Latin from the 9th to the 13th Century*, Estocolmo: Acta Universitatis Stockholmensis (Studia Latina Stockholmensia, 20), 1975. Su posible presencia en la literatura castellana ha sido considerada en la poesía narrativa en tetrásticos monorrimos por S.W. Baldwin, «Irregular versification in the *Libro de Alexandre* and the possibility of *cursus* in old Spanish verse», *Romanische Forschungen*, 75 (1973), 290-313; en la prosa del siglo XV, se ha tenido en cuenta y se ha rechazado su influjo (a favor de un patrón rítmico) en el caso de Diego de San Pedro, objeto de estudio para Keith Whinnom en «Diego de San Pedro's stylistic reform», *Bulletin of Hispanic Studies*, 37 (1960), 1-15 [8]; mucho más tempranos son los estudios sobre la influencia de *cursus* en la literatura catalana medieval, que Marçal Olivar detectó en cartas de la segunda mitad del siglo XIV: «No és rar de trobar, d'aquesta segona meitat de segle, documents escrits en català que palesen aquest influx; en especial els regnats de Joan I i Martí són relativament rics en lletres en vulgar on, a través de la prosa catalana, es dibuixa l'empremta del *cursus*, d'ús corrent en els documents llatins», «Notes entorn la influencia de l'*Ars dictandi* sobre la prosa catalana de cancilleria de finals del segle XIV», *Homenatge a Antoni Rubió i Lluch* (Barcelona: Imprenta de la Casa de la Caritat, 1936), pp. 631-53 [632]. Como puede comprobarse, las conclusiones sobre la presencia del *cursus* o su influjo en la prosa vernácula son sólo provisionales.

conservamos; también le debió de agradar la fama que había logrado más allá de las fronteras de Castilla, que, según testimonio de Juan de Mena en su *Coronación*,[46] hizo que muchos extranjeros vinieran a conocerlo; sin duda, si hubiese podido leer el epitafio que a su muerte le dedicó Pier Candido Decembrio,[47] se habría sentido igualmente orgulloso; pero ganar el beneplá-cito de don Pedro de Portugal —y, así, de su poderoso padre, el Duque de Coímbra era, sin duda, mucho más importante para don Íñigo, poeta por afición y *miles* por condición. Seguramente, don Íñigo pensó que la amistad entre ambos podría ser beneficiosa para el futuro de Castilla y para su propia familia. Por tanto, con su epístola al Condestable, el Marqués de Santillana no sólo conseguía extender su fama de erudito o ampliar el número de nobles aficionados a la poesía: el *Prohemio e carta* y el cancionero adjunto hacían las veces de embajada ante la alta nobleza portuguesa; sólo así se entienden el cuidado en el diseño del primero y el lujo extraordinario del se-gundo.

46. Juan de Mena cita unas palabras de San Jerónimo: «Quos ad contemplationem eius Roma non traxit, unius hominis fama perduxit de ultimis Hispaniae Galliaque finibus», y añade después: «Creý esta palabra poderse decir [...] del prudentíssimo, magnánimo e ingente cavalle-ro Íñigo López de Mendoça, a la fama del qual muchos extrangeros, que en España non avían causa de passar, ayan por huéspedes sufrido venir en la castellana región, non es a nosotros nuevo. La qual volante fama con alas de ligereza, que son gloria de buenas nuevas, ha encavalga-do los gállicos Alpes e discurrió hasta la frigiana tierra»; el fragmento ya fue recogido por Amador de los Ríos, *op. cit.*, p. IV.

47. Junto a Leonardo Bruni, es el humanista italiano más admirado por don Íñigo, que conocía varias de sus traducciones del griego al latín y algunas obras del propio estudioso; *vid.* P. Cátedra, «Sobre la biblioteca del Marqués de Santillana: la *Ilíada* y Pier Candido Decembrio», *Hispanic Review*, 51 (1983), 23-28.

II

Prefacio

A lo largo del siglo XV, el *Prohemio e carta* parece haberse conocido tan sólo en círculos próximos a don Íñigo, como lo indica nuestro códice salmantino, enviado seguramente a su sobrino Gómez Manrique, y las copias modernas de un manuscrito que estuvo en la biblioteca del palacio de Batres —residencia de Fernán Pérez de Guzmán, primo segundo del Marqués— y que actualmente se da por perdido; otro códice del siglo XVI, custodiado en la Biblioteca Nacional, conserva el *Prohemio* junto a la mayor parte de sus poemas, por lo que puede tratarse de una copia tardía de un cancionero perteneciente a la colección del propio Marqués o enviado como regalo a un noble desconocido. Más difícil resulta precisar la vía por la que se transmitieron otras copias realizadas en esta última centuria, aunque su aparición se justifica por el interés que la poesía cuatrocentista despertaba aún en dicho período; a este respecto, es muy significativa la inserción del *Prohemio* en una copia manuscrita del *Cancionero General* de 1573. Por su condición de carta, se incluyó en alguna colección de epístolas (como lo muestra un códice conservado en la actualidad en la British Library); su carácter de tratado teórico fue también decisivo para que algunos estudiosos lo tuviesen en cuenta, como ocurrió con Juan Francisco Uztarruoz (al que perteneció la copia salmantina del siglo XVII) o, en fecha anterior, con ese erudito apasionante que fue Argote de Molina, que, en su *Nobleza de Andacía* (1588), dice sobre don Íñigo:

> Fue doctíssimo en letras curiosas, de las quales tuvo comunicación con los hombres insignes de aquella edad. Y hizo en el principio de su Cancionero un excelente discurso de la antigüedad de la Poesía, en la qual fue muy estimado, y en valor, consejo y casa uno de los esclarecidos Príncipes de aquel tiempo. (fol. 335 v.)

De ahí, hemos de pasar al siglo XVIII, en que el *Prohemio e carta* despierta un inusitado interés en numerosos historiadores y aprendices de filólogo, que copian el opúsculo entre otros muchos documentos medievales; así se explica la notable abundancia de copias de dicho período, coetáneas de

45

las ediciones de Sarmiento y Sánchez. En resumen, nos encontramos ante los siguientes códices:

- Ms. 2655 Universitaria de Salamanca (siglo XV), *Sd* o *SA8*, de acuerdo con el sistema de siglas de Brian Dutton (*Catálogo-Índice...*, t. I, pp. 131-133).
- Ms. 3677 Nacional de Madrid (siglo XVI), *Ma* o *MN8*.
- Ms. 657 Lázaro Galdiano (siglo XVI), *Ml* o *MN8*.
- Ms. Add. 9939 British Library (siglo XVI), *A*.
- Ms. 13127 Nacional de Madrid (siglo XVIII), *An*.
- Ms. 9/5742 Real Academia de Historia (siglo XVIII), *Ah*.
- Ms. 9/1029 Real Academia de Historia (siglo XVIII), *Bh*.
- Ms. 2147 Universitaria de Salamanca (siglo XVII), *Bs*.
- Ms. 9-1049 Real Academia de Historia (siglo XVII), *B2h*.
- Ms. 1966 Nacional de Madrid (siglo XVI), *Bn1*.
- Ms. 2964 Nacional de Madrid (siglo XVII), *Bn2*.
- Imp. 12-VII-39 Real Academia de Lengua (siglo XVIII), *Ah2*.

Con punto de partida en algunos de estos manuscritos, la fortuna impresa del *Prohemio* ha sido extraordinaria si tenemos en cuenta que contamos con todas estas ediciones (omito las de tipo antológico, excepto Sarmiento, y las traducciones):

- Martín Sarmiento, «Carta del Marqués de Santillana sobre la Poesía», *Memorias para la Historia de la Poesía y poetas españoles* (Madrid, 1775), pp. 148-159.
- Tomás Antonio Sánchez, «Proemio al Condestable de Portugal sobre las obras», *Colección de poesías castellanas anteriores al siglo XV* (Madrid, 1779), t. I, pp. XLVIII-LXII.
- Eugenio de Ochoa, «Proemio al Condestable de Portugal», *Epistolario español* (Madrid: Bib. de Rivadeneyra [B.A.E., LXII], 1842), pp. 11-14.
- José Amador de los Ríos, *Obras de D. Íñigo López de Mendoza, Marqués de Santillana* (Madrid, 1852), pp. 1-18.
- Marcelino Menéndez Pelayo, *Historia de las Ideas Estéticas* (Santander: C.S.I.C., 1940), t. I, pp. 495-504.
- Ernesto Monaci, *Il Proemio del Marqués de Santillana*, Roma: Loescher [Perugia: Un. Tip. Coop.], 1912.
- M. Pérez y Curis, *El Marqués de Santillana, Íñigo López de Mendoza. El poeta, el prosador y el hombre* (Montevideo: Renacimiento, 1916), pp. 307-314.
- Luigi Sorrento, «Il Proemio del Marchese di Santillana», *Revue Hispanique*, 55 (1922), 1-49.
- Antonio R. Pastor y Edgard Prestage, *Letter of the Marquis of Santillane to don Peter, Constable of Portugal*, Oxford: Clarendon Press, 1927.

- Fernando González, Marqués de Santillana, *Obras escogidas* (¿fragm.?) (Madrid: Cía. Ibero-americana de publicaciones, s.a. 192(?)]).
- «Carta al Condestable de Portugal», *Boletín de la Real Academia Argentina de Letras*, 7 (1939), 613-40.
- J. B. Trend, Marqués de Santillana, *Prose and verse* (Londres: Dolphin Books, 1940), pp. 1-18.
- Luigi Sorrento, *Il «Proemio» del Marqués de Santillana*, Como-Milán: Carlo Marzorati Editor, 1946 (texto para Testimonia. Raccolta di testi e documenti per l'Insegnamento Superiore).
- Augusto Cortina, eds., Marqués de Santillana, *Obras* (Buenos Aires: Espasa-Calpe [Austral, 552] 1946), pp. 29-41.
- José Pedro Machado, «A *Carta-Proémio* do Marqués de Santillana», *Boletim da Sociedade de Língua Portuguesa*, 1 (1959), 81-122.
- Id., «Proémio e carta do Marqués de Santilhana», *Lingua e Cultura*, 2 (1972).
- Manuel Durán, eds., Marqués de Santillana, *Poesías completas, II* (Madrid: Castalia (Clásicos Castalia, 94), 1980), pp. 209-223.
- Ángel Gómez Moreno, en Francisco López Estrada, *Las poéticas castellanas de la Edad Media* (Madrid: Taurus, 1984), pp. 51-63.
- Id., en Ángel Gómez Moreno y Maxim. P.A.M. Kerkhof, eds, Marqués de Santillana, *Obras completas* (Barcelona: Planeta, 1988), pp. 437-54.

Para las relaciones existentes entre los distintos códices y los criterios adoptados por los editores, remito sin más a mi artículo «Tradición manuscrita y ediciones del "Proemio" de Santillana», *Dicenda. Cuadernos de Filología Hispánica*, 2 (1983), 77-110. Desde la fecha en que se publicó dicho trabajo, han aparecido cuatro nuevos códices que será preciso presentar:

- Ms. 9-1049 de la Real Academia de la Historia (*olim*, N-44; Salazar, Misceláneas, t. 41) (B2h). Códice facticio que contiene múltiples documentos copiados entre los siglos XV y XIX. El *Prohemio* se encuentra en los fols. 144r-149r.
- Ms. 1966 de la Biblioteca Nacional (*olim*, G-317) (Bn1). Manuscrito de finales del siglo XVI que contiene el *Arte de trovar* de Enrique de Villena y el *Prohemio*, copiado en los fols. 12r-19v.
- Ms. 2964 de la Biblioteca Nacional (*olim*, M-270) (Bn2). Copiado en el siglo XVII, este manuscrito contiene una copia procedente del *Cancionero General* impreso en Amberes en 1573 de los poemas compuestos por el Marqués de Santillana; además, añade dos opúsculos en forma de prosa, el *Prohemio*, en los fols. 43r-49r, y la *Qüestión a don Alfonso de Cartagena* y la respuesta de éste en los fols. 51r-62v.
- Imp. 12-VII-39 de la Real Academia de la Lengua Española, que contiene los *Orígenes de la poesía castellana* de Luis José Velázquez y

guarda en el interior un cuaderno manuscrito de 10 fols. con el *Prohemio.*

Las cuatro son copias de importancia menor que pertenecen a la subtradición ß del *stemma* que reproduzco más adelante; dentro de ésta, las tres primeras pertenecen a la familia *B*, descendientes del códice de Batres, como queda claro en el rótulo inicial (sólo ausente en B2h), que tomo de Bn2:

En vn libro antiguo que tiene Garcilaso de la Vega en Batres, entre otros muchos que eran de Fernán Pérez de Guzmán, su visagüelo, está esta carta del Marqués de Santillana con este título así como se sigue.

Finalmente, el último de los representantes aducidos es una copia fidedigna de Ah.

Asi las cosas, con los testimonios de que disponemos se puede llegar al siguiente *stemma*:

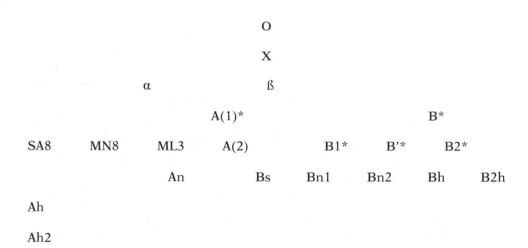

Antes de señalar el criterio de edición que tendré en cuenta a la luz de este *stemma,* es preciso dejar en claro que creo en una única redacción de la obra, a pesar de las palabras de J. B. Trend en el prefacio a su propio texto del *Prohemio*:

Since, however, both of these [los códices del grupo de Alcalá (*A2*)] seem to represent a later version of the text thant the MS. [*SA8*] printed by Sorrento, his text has been followed here. (*op. cit.*, p. 2).

Si con esta referencia Trend se refiere a una versión posterior del propio Santillana, lo lógico es que se hubiese intentado reconstruir la que sería la redacción definitiva; no se procedería así —como de hecho ocurre— si esa versión tardía no respondiese sino a unos retoques, recortes y añadidos propios de un copista. Como he señalado en reiteradas ocasiones, nuestro opúsculo no es otra cosa que una epístola redactada para una ocasión específica y con un cometido concreto; por ello, es poco probable que don Íñigo retocase la obra años después, aunque no es imposible que haya ocurrido así por cuanto, como sabemos, don Íñigo, más tarde, sintió tal aprecio por esta epístola que la incluyó en cancioneros posteriores que nada tenían que ver con el Condestable don Pedro.

En cualquier caso, de aceptar la hipótesis de la doble redacción, la definitiva correspondería al texto de *SA8*, porque, según se ha visto, este cancionero es, cuando menos, posterior a 1455 (por incluir el poema dirigido a la Virgen de Guadalupe, compuesto dicho año); de todos modos, la gran calidad de este códice y los muchos errores del grupo *A* habrían llevado al editor a elegirlo aunque no hubiese sido así. Sin más dilación, veamos cuáles son los principios editoriales que se deducen de todo lo dicho hasta ahora.

Criterios de la edición

La tradición manuscrita del *Prohemio* consta de dos ramas claramente diferenciadas, *α* y *ß*, de muy desigual valor: la primera, con *SA8*, presenta un texto bien conservado y con errores mínimos y fáciles de detectar; la segunda, por el contrario, contiene múltiples errores, lagunas y adiciones que parecen proceder de la mano de algún copista. Por tanto, es preciso fijar nuestra atención en *α* y, en concreto, en *SA8*, un auténtico *codex optimus* que constituye la base de la presente edición. Sólo varío el texto de este códice en caso de error evidente con ayuda de *MN8* y *ML3*, el otro par de componentes de su subtradición. Rechazo las lecciones de *SA8* sólo en aquellos casos en que ambas subtradiciones dan una lección opuesta (esto es, *ß* + *α* (−*SA8*)) a la presente en dicho códice, algo que ocurre sólo un par de veces: el «mostro a cho...» de la cita de Dante, en que he eliminado la preposición, y un «muchos otros» del códice salmantino frente a un «otros muchos» en el resto de la tradición manuscrita.

En ningún caso me he servido de la *emendatio ope ingenii*, innecesaria en esta edición, y he acudido en una única lección a la *emendatio ope codicum*: así, el «*Nifal*» de *SA8* y *ß* se transforma en «*Ninfal*», lectura presente en *MN8* y *ML3*, pues la primera es un mero error fácil de explicar en el proceso mecánico de la copia, como se indica en la nota correspondiente. Por lo que respecta a la ortografía, nuestro *codex optimus* presenta la ventaja de ser seguramente un apógrafo (copia de original); de este modo, puede afirmarse que sus grafías deben coincidir por completo –o casi– con las de la redacción del propio Marqués. Así, no es de extrañar que esta edición adopte unos criterios claramente conservadores:

- Resuelvo las abreviaturas y coloco entre paréntesis las letras suplidas.
- Uno y separo las palabras según el criterio actual, aunque respeto las uniones del tipo «desto» o «dellos».
- El signo tironiano se transcribe como *e*.
- Mantengo la *u* consonántica y la *v* vocálica.
- La *j* vocálica se utiliza junto a *m, n* y *u* para evitar confusiones en los trazos verticales de la letra gótica, por lo que la transcribo como *i*; además, mantengo la *i* con valor consonántico. Los nombres propios con *i* inicial aparecen como *I*, y con *J* los que llevan *I* gótica.
- La tilde sobre *m* en «como» se transcribe «com(m)o»; sobre bilabial se resuelve en *n*, pues es la norma de *SA8* cuando se escribe sin abreviatura.
- La vibrante múltiple [r̄] se presenta como *R* o *rr* en el códice, aunque la transcribo según la norma actual –doble en interior de palabra y simple al comienzo de la misma– en el primer caso y la mantengo en el segundo, aun cuando contravenga dicha norma (así «Enrrique» o «rrecontrarse»). Sólo he cambiado la grafía en el caso de «arriba», con vibrante sencilla en *SA8*.
- Finalmente, la puntuación y acentuación son las propias del español moderno, aunque también recibe acento la *y* con valor vocálico. Los títulos de obras y términos que el Marqués explica se ofrecen en cursiva.

Acerca del aparato crítico, cabe señalar que bajo el texto del *Prohemio* aparecen con asterisco las variantes de *SA8*; las *variae lectiones* procedentes de *MN8, ML3, A* y *B*, en este mismo orden, con referencia numérica supraescrita, se recogen en las páginas siguientes (no he considerado las numerosas oscilaciones gráficas o de timbre vocálico ni múltiples lecciones aberrantes sin interés, características de *ß*); finalmente, el texto crítico se complementa con unas extensas notas de interpretación, marcadas entre corchetes.

Texto crítico

Comie(n)ça el prohemio e c(art)a quel Marq(ué)s de Santillana enbió al Co(n)destable* de Portugal con las obr(a)s suyas.[1]

Al[2] yllustre señor don Pedro, muy magnífico Condestable de
Portogal,[3] el Marq(ué)s de Santillana, Conde del Real, etc., salud, paz e deuida recomendaçión.

En estos días passados, Aluar Gonçales de Alcántara, familiar e seruidor de la casa del señor Infante don Pedro, muy
ínclito Duq(ue) de Coímbra, v(uest)ro padre, de p(ar)te v(uest)
ra, señor, me rogó que los dezires e cançiones mías enbiase a la
v(uest)ra magnifiçençia. En uerdad, señor,[4] en otros fechos de
mayor importançia, au(n)q(ue)[5] a mí más trabaiosos, quisiera yo
conplacer[6] a la v(uest)ra nobleza; porq(ue) estas obras −o a lo
menos las más dellas− no son de tales materias, ni asý bien[7]
formadas e artizadas,[8] q(ue) de memorable registro dignas parescan. Porque, señor, asý com(m)o el Apóstol dize: «Cum essem
paruulus, cogitabam ut paruulus, loquebar ut paruulus»[9][1]. Ca
estas tales cosas alegres e jocosas andan e concurren con el
tie(n)po de la nueua hedad de iuuentud, es a saber: con el uestir,
con el iustar, con el dançar e con otros tales cortesanos exerçiçios.[10] E asý, señor, muchas cosas plazen agora a uos q(ue) ya no
plazen o no deuen plazer a mí [2].

P(er)o, muy uirtuoso señor, protestando que la uoluntad
mía[11] sea e[12] fuesse no otra de la que digo, porque la v(uest)ra sin

(*)   SA8 lee «Co(n)de./estable».

51

impedimento aya* lugar e v(uest)ro mandado se faga, de unas e otras[13] p(ar)tes, e por[14] los libros e ca(n)çioneros[15] agenos,[16] fize buscar[17] e escriuir –por orden segu(n)d q(ue) las yo fize– las q(ue) en este pequeño uolumen uos[18] enbío [3].

Mas[19] com(m)o quiera que de tanta insufiçiençia estas obretas mías,[20] que uos, señor, demandades,[21] sean, o[22] por uentura más de q(ua)nto las yo estimo e reputo, uos quiero çertificar[23] me plaze mucho que todas cosas[24] que entren o ande(n) so esta regla de poetal canto** uos plegan; de lo qual me fazen çierto asý u(uest)ras graçiosas dema(n)das, com(m)o algunas gentiles cosas de tales que yo he uisto conpuestas[25] de la v(uest)ra prudençia [4]. Com(m)o es çierto este sea un zelo[26] çeleste,[27] vna affecçión[28] diuina [5], vn insaçiable çibo del ánimo [6]; el qual, asý com(m)o la materia busca la forma e lo inperfecto la perfecçión [7], nu(n)ca esta sçiençia de poesía e gaya sçiençia [8] buscaro(n) nin se fallaro(n)[29] syno(n) en los ánimos gentiles, claros ingenios e[30] eleuados sp(írit)us.

¿E qué cosa es la *poesía* –que en el[31] n(uest)ro uulgar gaya sçiençia llamamos–[31 bis] syno un fingimiento [9] de cosas útyles[32][10], cubiertas o[32 bis] ueladas co(n) muy fermosa cobertura [11], conpuestas, distinguidas e scandidas [12] por çierto cuento,[33] peso[34] e medida? [13] E çiertamente, muy uirtuoso señor, yerran aq(ué)llos q(ue) pensar quieren[35] o dezir que solame(n)te las tal(e)s cosas consistan e[36] tiendan a cosas uanas e lasçiuas [14]: que bien com(m)o los fructíferos huertos habunda e[37] dan conuenientes fructos p(ar)a todos los t(ien)pos del año,[38] assý los onbres[39] bie(n) nasçidos e doctos, a quie(n) estas sçiençias de arriba*** son infusas, usan de aq(ue)llas e del[40] tal

(*)   «aya(n)». El fallo en los plurales se da algunas veces más en SA8.

(**)   «tanto». El error de SA8 es fácil de explicar gracias a las grafías góticas, en que *t* y *c* se escriben de modo idéntico en muchos casos.

(***)   «ariba». Es la única corrección ortográfica que hago a SA8; sigo así la vibrante múltiple escrita en los demás códices, según la norma de don Enrique de Villena en su *Arte de trovar*: «Quando la *r* es semisonante no se

exerçiçio segu(n)d las hedades. E sy por uentura las sçiençias son desseables, asý com(m)o Tulio quiere [15], ¿q(uá)l de todas es más prestante, más noble e[41] más digna del honbre, o q(uá)l más extensa a todas espeçies de humanidad?[42] Ca las escuridades[43] e çerramientos[44] dellas ¿quién las abre?, ¿quién las esclareçe?, ¿quién las demuestra e faze patentes syno la eloquençia dulçe e fermosa fabla, sea metro,[45] sea prosa? [16].

Q(uá)nta[46] más sea la exçelençia e prerrogatiua de los rimos e metros que de la soluta[47] prosa, syno solamente a[48] aq(ué)llos que de las porfías[49] iniustas se cuydan[50] adquirir soberuios honores, manifiesta cosa es [17]. E asý, faziendo la uía[51] de los stoycos —los q(ua)les con gra(n)d diligençia inquiriero(n) el orígine[52] e causas de las[53] cosas— me esfuerço a dezir[54] el metro ser antes en t(ien)po e[55] de mayor perfecçión e más[56] auctoridad q(ue) la soluta prosa [18]. Ysidoro[57] Cartaginés, santo Arçobispo yspalensy, asý lo aprueua[58] e testifyca, e quiere q(ue) el p(ri)mero que fizo rimos[59] o ca(n)to[60] en metro aya seýdo Moysén, ca en metro cantó e profetizó la uenida del Mexías; e, después dél,[61] Josué, en loor del[62] uençimiento de Gabaón. Dauid[63] cantó en metro la uictoria de los filisteos e la restituçión del archa del Testame(n)to e todos los çinco libros del Salterio.[64] E aun por tanto los hebraycos osan afirmar que nosotros no asý bie(n) com(m)o ellos podemos sentyr el gusto de la su dulçeza.[65] E[66] Salamó(n) metrificados fizo los sus Prouerbios, e çiertas[67] cosas de Job son escriptas en rimo;[68] en especial, las palabras de conorte q(ue) sus amigos le respondía(n) a sus uexaçiones [19].

De los griegos quieren sean los p(r)im(er)os Achatesio Millesio[69] e aprés[70] dél Feróçides*[71] Siro e Homero, no obstante que

---

dobla, 'ara', 'ira', quando es plenisonante dóblase, 'error'. En principio de diçión es plenisonante, no se dobla, 'Rey', 'Roque', 'Roçín'» (ed. de F. J. Sánchez Cantón (Madrid: Victoriano Suárez, 1923), p. 79).

(*) Aunque mantengo en línea de texto la lección de α, «Feroçides», las *Etimologías* de San Isidoro leen «Ferecides»; esta es también la forma presente en otro de los libros leídos por el Marqués, el *De vita et moribus philosophorum* de Walter Burley en el ms. San Román 39 de la Real Academia de la

Octauiano Augusto, Tiberio e Tito,[107] enperadores, marauillosamente[108] metrificaro(n) e les plugo toda manera de metro [21].

Mas dexemos ya las estorias antig(ua)s por allegarnos[109] más
açerca[110] de los[111] n(uest)ros t(ien)pos. El[112] Rey Roberto de Nápol, claro e uirtuoso p(rí)nçipe, tanto esta sçiençia le plugo[113]
que, com(m)o en esta misma sazón miçer Françisco Petrarca,[114]
poeta laureado, floresçiese, es çierto gra(n)d t(ien)po lo[115] tuuo[116]
consigo en el[117] Castil Nouo de Nápol, con quie(n) él muy a
menudo confería e platicaua[118] destas artes, en tal manera que
mucho fue auido por açepto a él e gra(n)d p(r)iuado suyo; e[119]
allí se dize auer él fecho muchas de sus obras, asý latynas
com(m)o vulgares, e[120] entre las otras el libro de *Reru(m) memo-
randaru(m)* e las sus églogas e muchos sonetos,[121] en espeçial
aquel que fizo a la muerte deste mismo rey, que comiença:

Rota[122] é l'alta columpna e el verde lauro, etc. [22] [123]

Ioh(á)n[124] Bocaçio,[125] poeta exçellente e orador insigne, afirma el Rey Ioh(á)n de Chipre auerse dado más a los estudios
desta graçiosa sçiençia q(ue) a ningunas otras; e asý paresçe
q(ue) lo muestra[126] en la entrada prohemial del[127] su lib(r)o de la
Genealogía o linage de los dioses gentyles,[128] fablando con el
Señor de Parma, me(n)saiero o[129] enbaxador suyo [23].

Cóm(m)o, pues, o por quál manera, señor muy virtuoso,
estas sçiençias ayan primeramente uenido en mano de los romançistas o vulgares, creo seria difíçil inq(ui)siçió(n) e vna
trabajosa pesquisa. P(er)o dexadas agora las regiones,[130] t(ie)rras
e comarcas más longínicas[131] e más separadas de nos, no es de
dubdar[132] q(ue) vniuersalme(n)te en[133] todas de[134] sienpre estas
sçiençias se ayan acostunbrado e acostunbran, e aun en[135] muchas dellas en estos tres grados, es a saber: sublime, mediocre
e[136] ínfymo [24]. Sublime se podría[137] dezir por aquellos q(ue)
las[138] sus obras escriuiero(n) en lengua griega e latyna, digo
metrificando.[139] Mediocre vsaron aquellos que en vulgar es-
criuiero(n), asý com(m)o Guido[140] Janu(n)çello[141] Boloñés e[142]

Arnaldo Daniel Proençal. E[143] com(m)o quier que destos yo no he visto obra alguna, p(er)o quiere(n) algunos auer ellos sido los primeros[144] que escriuiero(n)[145] terçio rimo e aun sonetos en[146] romançe; e asý com(m)o dize el philósofo, de los p(r)imeros primera es la especulaçión [25]. Ínfimos son aquellos q(ue) syn ningu(n)d[147] orden, regla nin cuento fazen estos roma(n)çes e cantares de que las gentes de baxa[148] e seruil condiçió(n) se ale-gra(n) [26].

Después de Guido e[149] Arnaldo Daniel, Dante escriuió en terçio rimo elega(n)teme(n)te las[150] sus tres comedias: *Infierno, Purgatorio* e[151] *Paraýso*; miçer Françisco Petrarcha, sus *Triun-phos*; Checo D'Ascholi,[152] el libro *De prop(r)ietatib(us) reru(m)* e Iohán Bocaçio el libro q(ue) *Ninfal** [153] se intitula, aunq(ue) ayuntó a él prosas[154] de grande eloq(ue)nçia a la[155] manera del *Boeçio Consolatorio*. Estos e muchos otros escriuiero(n) en otra[156] forma de metros en lengua ytálica[157] q(ue) *sonetos* e *can-çiones morales* se llama(n) [27].

Estendiéro(n)se –creo– de aquellas t(ie)rras e[158] comarcas de los lemosines[159] estas artes a los gállicos e a[160] esta postrimera e occidental parte q(ue) es la[161] n(uest)ra España, donde asaz prudente e fermosame(n)te se han vsado [28]. Los gállicos e françeses escriuiero(n) en diuersas maneras rimos e versos, q(ue) en el[162] cuento de los pies o[163] bordones discrepan, p(er)o el peso, cuento[164] de las sýlabas del terçio rimo e[165] de los sonetos e de las cançiones morales yguales so(n) de las baladas; aun-q(ue) en algunas, asý de las vnas com(m)o de las otras, ay algunos pies tru(n)cados[166] que nosotros llamamos medios pies, e los lemosís,[167] françeses, e aun catalanes, *bioq(ue)s* [29].[168]

Dentre estos vuo onbres muy doctos e señalados en estas artes; ca maestre Iohá(n) de Loris fizo el *Roma(n) de la Rosa*, «donde –com(m)o ellos dizen– el arte de[169] amor es tota inclo-

(*) «Nifal». Todos los manuscritos, excepto MN8 y B2h, dan la lección «Ninfal». Ya Sorrento señala: «il copista avrà, come in quelche altro caso, dimenticato il segno d'abbreviaz. della *n*, giacchè il Marchese conosceva bene e possedeva il libro *Ninfal d'Admeto*» (op. cit., 29, nota 168).

sa»; e acabólo maestre Ioh(á)n Copinete,[170] natural de la villa de Mu(n). Michaute[171] escriuió asý mismo vn grand libro de baladas, canciones, rondeles, lays,[172] virolays, e[173] asonó[174] muchos dellos.[175] Miçer Otho de Gra(n)dson,[176] cauallero estrenuo e muy virtuoso, se uuo alta e[177] dulçemente en esta arte. Maestre Alén Charretiel,[178] muy claro poeta moderno e secretario deste Rey don Luys de França, en gra(n)d[179] elegançia conpuso e cantó en metro e[180] escriuió el *Debate de las quatro damas,[181] La Bella dama sa(n)mersí,[182] El Reuelle matí(n),[183] La Gra(n)d pastora,[184] El Breuiario de nobles* e *El Ospital de amores;* por çierto, cosas asaz fermosas e plazientes de oýr [30].

Los ytálicos prefiero yo –so emienda de quien más sabrá– a los françeses, solamente ca las[185] sus obras se muestran de más altos ingenios, e adórna(n)las e conpóne(n)las de fermosas e peregrinas ystorias; e a los françeses de[186] los ytálicos[187] en el guardar el arte, de lo qual los ytálicos, syno solame(n)te en el peso e consonar,[188] no se faze(n)*[189] mención alguna. Pone(n) sones asý mismo a las sus obras e cántanlas por dulçes e diuersas maneras; e tanto han familiar, açepta[190] e por manos la música q(ue)[191] paresçe q(ue) entrellos aya(n)[192] nasçido aquellos grandes philósofos Orfeo, Pitágoras e Enpédocles, los quales –asý com(m)o algunos descriuen–[193] no(n) solamente las yras de los onbres, mas aun a las furias infernales, con las sonorosas[195] melodías e dulçes modulaçiones de los sus cantos aplacaua(n).

¿E[196] quié(n) dubda q(ue), así com(m)o las verdes fojas en el t(ien)po de la[197] primauera guarnesçen e aco(n)pañan los desnudos árboles,[198] las dulçes bozes e fermosos sones no apuesten e aco(n)pañen todo[199] rimo, todo metro, todo uerso, sea de qualquier arte, peso e medida? [31].

Los catalanes, valençianos e aun[200] algunos del Reyno de Aragón fuero(n) e[201] son grandes ofiçiales desta arte. Escriuieron primerame(n)te en *nouas rimadas,*[202] q(ue) son pies o bordones largos de sýlabas, e[203] algunos consonaua(n) e otros no(n). Des-

(*)   «ayan» en SA8.

pués desto vsaro(n) el dezir en coplas de diez sýlabas, a la manera de los lemosís.[204] Vuo entre ellos de señalados onbres, asý en las inue(n)çiones com(m)o en el metrificar: Guillé(n) de Beruedá,[205] generoso e noble cauallero, e Pao de Be(n)bibre[206] adquirieron entrestos gra(n)d fama. Mosén P(er)o March[207] el Uiejo, valiente e honorable cauallero, fizo asaz gentiles cosas, e,[208] entre las otras,[209] escriuió *Prouerbios de gra(n)d moralidad.* En[210] estos n(uest)ros t(ien)pos floresçió mosén Jorde de Sant Jorde, cauallero prudente, el qual çiertamente conpuso asaz fermosas cosas, las quales él mesmo asonaua, ca[211] fue músico exçellente; fizo entre otras vna 'cançión de oppósitos' q(ue) comiença:

Tos ions aprench e desaprench ensems.[212]

Fizo la *Passión de amor*, en la qual copiló muchas buenas cançiones antiguas, asý destos[213] q(ue) ya dixe com(m)o de otros.[214] Mosén Febrer[215] fizo obras[216] nobles,[217] e algunos afirman aya* [218] traýdo el Dante de lengua florentina en catalán, no

(*) Estoy de acuerdo con Sorrento en que «manera del palaçio» alude al contenido de la obra del Canciller y «Rimos» es el título; así hago uso de mayúscula sólo en el segundo caso pero recurro a la cursiva en ambos con objeto de resaltar los ingredientes del título, que, según Jacques Joset, debe ser el de *Libro rimado del palacio* (Pero López de Ayala, *Libro rimado del Palaçio*, Madrid: Alhambra, 1978, p. 18; vid. también «Sur le titre de l'oeuvre poétique de Pero López de Ayala», *Medioevo Romanzo*, 27 (1977), 3-4). Por lo que respecta a algunos casos anteriores, en «Boeçio Consolatorio», también nos encontramos con el título del libro con una variante muy del gusto del hombre medieval (*Ovide moralisé* u *Ovidio mayor* en el caso de las *Metamorfosis*; *Vidal Mayor* —que alterna con *In excelsis Dei thesauris*— en la obra jurídica del Obispo Vidal de Canellas, e incluso el «libro llamado *Salustio*», como se denomina a la *Conjuración de Catilina* en el ms. M-79 de la Biblioteca Menéndez y Pelayo de Santander; vid. 16.1). Además he puesto en cursiva «*Prouerbios de gra(n)d moralidad*», porque corresponde al título del original catalán, a pesar de que Sorrento emplee la minúscula. Por lo que respecta al «*Libro del Arçipreste de Hita*», lo subrayo pues creo que es además el verdadero título de la obra de entre los dos que la crítica utiliza hasta

me(n)guando punto en la orden del[219] metrificar e consonar. Mosén Ausias March,[220] el qual aún biue, es gra(n)d trobador e om(n)e de asaz eleuado sp(írit)u [32].

Entre nosotros vsóse[221] p(ri)meramente el metro en asaz formas,[222] así com(m)o el *Libro de Alexandre*, los *Uotos del pauó(n)*, e aun el *Libro del Arçipreste de Hita*; e au(n) desta guisa escriuió P(er)o López de Ayala el Uiejo vn libro que fizo de las *maneras del palaçio* * [223] e llamaron los *Rimos* [33]. E después fallaro(n) esta arte q(ue) mayor se llama e el arte comú(n) −creo− en los Reynos de Gallizia e de Portogal,[224] donde no es de dubdar quel exerçiçio destas sçienças más que en ningunas otras regiones e prouinças de la España se acostunbró en tanto grado que no(n) ha mucho tie(n)po qualesquier dezidores e trobadores destas partes, agora fuessen castellanos, andaluzes o de la Estremadura, todas sus obras conponían en lengua gallega o portuguesa; e aun destos es çierto resçebimos los nonbres del arte, asý com(m)o *maestría mayor e menor, encadenados, lexa-prén e manzobre* [34].[225]

Acuérdome, señor muy magnífico, syendo yo en hedad no prouecta, mas asaz pequeño moço,[226] en poder de mi auuela doña Mençía de Çisneros, entre otros libros, auer uisto vn gra(n)d uolume(n) de cantigas,[227] serranas e dezires portugueses e gallegos; de los q(ua)les, toda[228] la mayor p(ar)te era[229] del Rey don Donís de Portugal −creo, señor, sea v(uest)ro visahuelo−[230] cuyas obras, aquellos que las leýan, loaua(n) de inuençiones sotiles e de[231] graçiosas e dulçes palabras. Auía* otras de Iohá(n) Suares de Pauía, el qual se dize auer muerto en Galizia por

---

ahora (la forma *Libro de Buen Amor* se emplea desde que lo fijó Ramón Menéndez Pidal, «Título que el Arcipreste de Hita dio al libro de sus poesías», *Poesía árabe y poesía europea* (Madrid: Espasa-Calpe [Austral, n.º 190], 1941), pp. 139-45; sobre la forma del *Proemio* vid. Antonio Prieto, «La titulación del *Libro del Arcipreste de Hita*», *Cohrencia y relevancia textual. De Berceo a Baroja* (Madrid: Alhambra, 1980), pp. 77-114).

(*) «auia(n)» en SA8.

amores de una infanta de Portugal, e de otro, Ferna(n)d Gonçales de Senabria.[232] Después dellos vinieron Vasco Peres[233] de
Camões e Ferna(n)d Casquiçio[234] e aquel gra(n)de[235] enamorado
Maçías, del qual no se fallan syno quatro cançiones, pero çierta-
me(n)te amorosas e de muy fermosas sentençias, conuiene a saber:

> Catiuo de miña tristura,[236]
> Amor cruel e brioso,[237]
> Señora, en quien[238] fiança

e

> Prouey[239] de buscar mesura [35].

En este Reyno de Castilla dixo[240] bien el Rey don Alfonso el
Sabio, e yo ui quie(n) vio dezires suyos, e aun se dize que
metrificaua altamente en lengua latina. Viniero(n)[241] después
destos don Ioh(á)n de la Çerda [36] e P(er)o Gonçales de Mendoça, mi abuelo; fizo[242] buenas cançiones, e entre otras:[243]

> Pero te siruo sin arte,

e[244] otra a las mo(n)ias de la Çaydía,*[245] q(ua)ndo el Rey don
Pedro tenía el sitio contra Ualençia; comie(n)ça:

> A las riberas de vn río.

Vsó vna manera de dezir cantares[246] así com(m)o çénicos[247]
plautinos e tere(n)çianos,[248] tanbién en estrinbotes[249] com(m)o
en serranas [37]. Concurrió en estos t(ien)pos vn iudío que se
llamó Rabí Santó; escriuió muy buenas cosas, e[250] entre las otras
Prouerbios morales, en uerdat de asaz[251] come(n)dables sentençias. Púselo[252] en cuento de tan nobles[253] gentes por gra(n)d
trobador, que asý com(m)o él dize en uno de sus prouerbios:

(*)   «Cayda» sin cedilla, en SA8.

No uale el açor menos
por nasçer en vil[254] nío,[255]
ni los exemplos buenos
por los dezir[256] iudío.

Alfonso Gonçales de Castro, natural desta uilla de Guadalaiara,[257] dixo asaz bien e fizo estas cançiones:

Con tan alto poderío

e

Uedes qué descortesía.

Después destos, en t(ien)po del Rey don Ioh(á)n, fue el Arçediano de Toro; este fizo:

Crueldad e trocame(n)to[258]

e otra cançió(n) q(ue) dizen:* [259]

De quie(n) cuydo e cuydé;[260]

e Garçi Ferrandes de Gerena [38].

Desdel t(ien)po del Rey don Enrriq(ue), de gloriosa memoria, padre del Rey n(uest)ro señor, e[261] fasta estos n(uest)ros t(ien)pos, se come(n)çó a eleuar más esta sçiençia e con mayor elegançia, e ha auido onbres muy doctos en esta arte,[262] prinçipalmente Alfonso Áluares de Yliescas,[263] gra(n)d dezidor, del qual se podría dezir aquello que, en loor de Ouidio, un gra(n)d estoriador descriue,[264] conuiene a saber: que todos sus motes[265]

(*) «dizen». La tradición manuscrita apoya esta lección, que al mismo tiempo tiene lógica si se piensa en que el equivalente puede ser «recitan» o «cantan».

e[266] palabras eran metro. Fizo tantas cançiones e dezires q(ue) sería[267] bie(n) largo e difuso n(uest)ro proçesso sy por exte(n)so au(n) solame(n)te los p(r)inçipios dellas[268] a rrecontar se ouiesen. E así por esto, com(m)o por ser tanto conosçidas[269] e esparzidas a[270] todas p(ar)tes sus obr(a)s, passaremos a miçer Françisco Inperial, al q(ua)l yo[271] no llamaría dezidor o[272] trobador mas poeta,[273] com(m)o sea çierto q(ue), sy alguno en estas p(ar)tes del[274] occaso meresçió premio de aquella triunphal e láurea guirlanda,[275] loando a todos los otros,[275 bis] éste fue. Fizo al nasçimiento del Rey nuestro señor aquel dezir famoso:

En dos seteçientos[276]

e muy[277] muchas otras cosas graçiosas e loables [39].

Ferna(n)d[278] Sanches Calauera,[279] come(n)dador de la Orden de Calatraua, conpuso asaz buenos dezires. Don P(er)o Uélez de Gueuara, mi tío, graçioso e noble cauallero, asý mesmo escriuió gentiles dezires e cançiones.[280] Ferna(n)d P(ere)s de Guzmán, mi tío,[281] cauallero[282] docto[283] en toda buena doctrina, ha co(n)puesto[284] muchas cosas metrificadas, y entre las otras aquel epitafio de la sepoltura de mi señor el Almirante don Diego Furtado, que comiença:

Honbre que uienes aquí de presente.

Fizo otros muchos* dezires e cantigas[285] de amores, e, aún agora bie(n)[286] poco t(ien)po ha, escriuió prouerbios de grandes sentençias y otra obra asaz útil e bie(n) conpuesta de *Las quatro uirtudes cardinales.*

Al muy magnífico Duq(ue) don Fadriq(ue), mi señor e mi hermano, plugo mucho esta sçiençia, e fizo asaz[287] gentiles cançiones e dezires; e[288] tenía en su casa grandes trobadores, espeçialme(n)te a Ferna(n)d Rodríguez[289] Portocarrero[290] e Johán[291]

(*)   Sólo SA8 presenta «muchos otros».

de Gayoso e Alfonso de Moraña.²⁹² Ferra(n)d Manuel de Lando, honorable cauall(er)o,²⁹³ escriuió muchas buenas cosas²⁹⁴ de poe-sía;²⁹⁵ ymitó más que ninguno²⁹⁶ otro a miçer²⁹⁷ Françisco Inpe-rial; fizo de buenas cançiones en loor de N(uest)ra Señora; fizo asý mismo algunas inuectiuas contra Alfonso Áluarez de dyuer-sas materias²⁹⁸ y bien hordenadas [40].²⁹⁹

Los q(ue) después dellos en estos n(uest)ros t(ien)pos³⁰⁰ han esc(ri)pto o escriue(n),³⁰¹ çesso de los no(n)brar, por-q(ue) de todos me tengo por dicho que uos,³⁰² muy noble señor, ayades notiçia e conosçimiento. E³⁰³ non uos maraui-lledes, señor, sy en este prohemio aya³⁰⁴ tan extensa e lar-gamente enarrado³⁰⁵ estos tanto³⁰⁶ antiguos e³⁰⁷ después n(uest)ros auctores e algunos dezires e cançiones dellos, com(m)o paresca auer proçedido de vna manera de ocçiosi-dat, lo qual de todo punto deniegan³⁰⁸ no menos ya³⁰⁹ la hedad mía que la turbaçión de los t(ien)pos. P(er)o es asý que com(m)o en la nueua edad³¹⁰ me pluguiesen, fallélos agora q(ua)ndo me paresçió ser neçessarios; ca³¹¹ asý com(m)o Oraçio poeta dize:

Quem noua concepit olla seruabit odore(m) [41].³¹²

Pero de todos estos, muy magnífico señor, asý ytálicos com(m)o proençales, lemosís, catalanes, castellanos, portugue-ses e³¹³ gallegos, e aun de qualesquier otras nasçiones, se adelan-taron e antepusieron los gállicos çesalpinos e de la prouinça de Equitania³¹⁴ en solepnizar e dar honor a estas artes. La forma e manera cóm(m)o, dexo³¹⁵ agora de recontar,³¹⁶ por q(ua)nto ya en el prólogo de los mis *Prouerbios* se ha mençionado. Por las quales cosas e aun por otras muchas −que por mí, e más por quien más supiesse, se podrían³¹⁷ ampliar e dezir− podrá sentyr e conosçer³¹⁸ la v(uest)ra magnifiçençia en q(uá)nta reputaçió(n) ,³¹⁹ extima e comendaçió(n)³²⁰ estas sçiençias auerse deue(n); e q(uá)nto uos, señor muy virtuoso, deuedes extymar que aquellas dueñas, que en torno de la fuente de Elicó(n)

inçessanteme(n)te* [321] dançan, en tan nueua edad, no inmérita-
me(n)te, a la su co(n)pañía vos ayan resçebido. Por tanto,[322]
señor, q(ua)nto yo puedo, exorto e amonesto a la v(uest)ra
magnifiçençia q(ue), asý en la inquisiçió(n) de los fermosos
poemas com(m)o en la polida horden e regla de aquéllos, en
tanto que Cloto filare[323] la esta(n)bre, v(uest)ro muy eleuado
sentido e pluma no çessen;[324] por tal que, q(ua)ndo Ántropos[325]
cortare la tela, no menos délficos que marçiales honores e
glorias[326] obtengades [42].

VARIAE LECTIONES (NÚMEROS VOLADOS)

1. **MN8**- Falta el encabezamiento superior. Tiene otro que dice: «Prohemio al Condestable de Portvgal sobre las obras». **ML3**- Sin encabezamientos de ningún tipo. **A**- Junto con el rótulo de MN8 presente otro más: «El Marq(ues) de Santillana al ill(ustr)e S(eñ)or don P(edr)o, Regente de Portugal» Estos dos encabezamientos faltan en sus copias, An y Ah. **Bh**- Repite el rótulo de A. **Bs, Bn1, Bn2 y B2h** presentan un texto diferente: «Comiença la epistola que el Marques de Santillana enbio al Ill(us)tre señor don P(edr)o Condestable de Portogal fijo del Infante don Pedro regente de Portogal».

2. *al.* Falta en B.

3. *Portogal.* Sólo B2n ofrece *o* en B.

4. *señor.* B añade «muy espectable», como A antes de corregir con α.

5. *A(1)* presentaba laguna desde «aunque... trabaiosos», ambos términos incluidos.

6. *yo conplazer.* Sólo B2h tiene esta lección en B; el resto sin «yo», excepto Bh, «conplacer yo».

7. *asý bien.* Bs, Bn1 y Bn2 «ansi tan»; Bh y B2h «ansi bi».

8. *artizadas.* Bs, Bn1 y Bn2 «atajadas»; Bh «atasadas».

9. *cogitabam ut paruulus, loquebar ut paruulus.* B presenta «loquebar ut parvulus, sapiebam vt parvulus, cogitabam vt parvulus».

10. *cortesanos exerçiçios.* B «exercicios cortesanos».

11. *mía.* Laguna en B, reparada en A(2).

12. *e.* Mn8 «o».

13. *e otras.* Mn8 «e de otras»; A y B «e en otras».

14. *e por.* Bs, Bn1 y Bn2 sin la «e».

15. *ca(n)çioneros.* ML3 y B —excepto B2h— «Cançiones».

16. *agenos.* B —excepto B2h— «agenas».

17. *buscar.* B añade «copias», excepto B2h «copilar».

18. *uos.* A «os».

19. *Mas.* Bs, Bh y Bn2 añaden delante «E».

20. *mías.* Laguna en A.

21. *demandades.* Laguna en Bs y «demandais» en Bh, Bn1 y Bn2.

22. *o.* Laguna en Bs, Bn1 y Bn2.

23. *certificar.* ML3 «retificar».

24. *todas cosas.* «todas las cosas» en B —excepto Bn2— y A(1).

25. *la.* Laguna en Bs, Bn1 y Bn2.

26. *zelo.* B —excepto B2h— «estilo».

27. *çeleste.* A(1) «celestial».

28. *affecçión.* ML3 «afición».

29. *fallaro(n).* B «fallo» y A(1) «hallo».

30. *e.* B —excepto B2h— laguna.

31. *el.* Mn8 y A tienen laguna.

31bis. *gaya sçiençia llamamos.* B y A «llamamos gaya sciencia».

32. *útyles.* Bs, Bn1 y Bn2, «sv[o]tiles».

32bis. *o.* A y B «e».

33. *cuento.* Laguna en ML3.

34. *cuento, peso.* A «peso, cuento».

35. *pensar quieren.* B2h «piensan creen» y Bn2 «piensan quiere».

36. *e.* A y B «o».

37. *e.* Bs, Bn1 y Bn2 «o».

38. *para...año.* Laguna en A(1).

39. *onbres.* Laguna en A(1).

40. *del.* Bs, Bn1 y Bn2 «de».

41. *e.* Mn8, A y B —excepto Bn2— «o».

42. *humanidad.* ML3 «umagnidat».

43. *escuridades.* Mn8 «obscuridades».

44. *çerramientos.* A(1) «encerramientos».

45. *metro.* Bh añade «o».

46. *Q(uá)nta.* B tiene delante «O», excepto Bh «E».

47. *soluta.* Bs, Bn1 y Bn2 tienen el texto correcto, pero Bn2 ha tachado «ab-»; Bh «absoluta» y B2h «asoluta».

48. *a.* Laguna en A y B, excepto en Bn2.

49. *porfías.* B —excepto B2h— «poesías».

50. *se cuydan.* A(1) y B «quieren» en su lugar.

51. *uía.* A(1) y B —excepto B2h— «vida» (B2h tenía en su primer estado esta lección).

52. *orígine.* B —excepto B2h— «origen».

53. *las.* A(1) tenía «todas las».

54. *dezir.* Faltaba en A(1).

55. *e.* B —excepto B2h— laguna.

56. *más.* Mn8 y ML3 «de mas».

57. *Ysidoro.* A(1) y B —excepto B2h, corregido en segundo estado— «Isidro».

58. *aprueua—* A y B «prueu[b]a».

59. *o.* B «e».

60. *ca(n)to—* ML3 «cantos».

61. *dél.* Bs, Bn1 y Bn2, laguna.

62. *del.* B «el».

63. *Dauid.* Bn2 añade delante «E».

64. *e todos...Salterio.* Laguna en A(1) y B.

65. *dulçeza.* A(1) y B «dulç[z]ura.

66. *E.* Laguna en B.

67. *çiertas.* B —excepto B2h— «[h]artas».

68. *rimo.* Bs, Bn1 y Bn2 «rimos».

69. *Millesio.* Falta en Bs, Bn1 y Bn2.

70. *aprés.* A(1) y B «despues».

71. *Feróçides–* A «Pherecydes», B2h «Ferecides»; Bs, Bh, Bn1 y Bn2 «Ferescidas».

72. *soberano poeta.* A y B «poeta soberano».

73. *Enio.* ML3 –como SA8– «Ebio»; A «Ennio».

74. *quieran.* A y B «quieren».

75. *aya...tenga.* A y B «tenga y aya tenido»; ML3 «tengan».

76. *Sordello.* B –excepto B2h– presenta diversas lecturas aberrantes.

77. *chui.* A y B –excepto Bn2, que desde este punto no copia la cita– «chiu».

78. *mostro.* A «monstao».

79. *cho que potea.* MN8 «cio che»; ML3 «çio o che»; A «potra»; B –excepto B2h, que sólo cambia «chio»–, diversas lecciones aberrantes.

80. *preçio.* ML3 «prestio».

81. *eterno.* Falta en Bs, Bh y Bn1.

82. *llocho.* MN8, A y B «loco».

83. *fuy.* Bs, Bn1 y Bn2 «fuese».

84. *por tal.* A(1) y B «poetal».

85. *espeçie.* B «especies».

86. *de.* A y B añaden «r[h]et[h]orica».

87. *e todo modo o manera.* B –excepto B2h– «o toda manera e modo».

88. *poetal.* A y B «poetical».

89. *e fabla.* ML3 añade «de»; A(1), laguna; Bs, Bn1 y Bn2 sin «e».

90. *honesto.* Bs, Bh, Bn1 y Bn2, «en este».

91. *imperiales.* A(1) tenía «nupçiales».

92. *graçiosa e alegreme(n)te–* MN8 «graciosamente».

93. *las lonjas.* B2h «los lugares».

94. *las fiestas.* A y B, laguna.

95. *e* Bn2 «o»; B2h, laguna.

96. *o.* ML3 añade «a».

97. *interuenga-* B −excepto B2h− «extrevenga».

98. *epithalamias-* A(1) «los epithalamios».

99. *conpuestos..* ML3 y B −excepto B2h− «compuestas».

100. *en.* B −excepto B2h− «e».

101. *en...sirue(n).* B −excepto B2h−, laguna.

102. *que.* A «quien».

103. *se cantauan.* B −excepto B2h−, laguna.

104. *e* Bs, Bn1 y Bn2, laguna.

105. *algunas.* A(1) tenía «aquellas».

106. *Gayo.* A y B «Cayo».

107. *Tito.* A tiene «Crito», pero hay una *t* supraescrita; B tiene laguna: «e Tito», excepto B2h, que sólo carece de la conjunción.

108.   *enperadores...metrificaro(n)*. Bs, Bn1 y Bn2 añaden «romanos» tras la primera palabra y cambian: «metrifificaron marauillosamente».

109.   *allegarnos*. A y B –excepto B2h– «llegarnos».

110.   *açerca*. MN7 «çerca».

111.   *los*. Falta en A.

112.   *El*. ML3 «A1».

113.   *esta...plugo*. Bs, Bn1 y Bn2 «le plugo esta sciencia».

114.   *Petrarca*. MN8 «Petrarcha».

115.   *lo*. A «le».

116.   *tuuo*. ML3 «ovo».

117.   *el*. Bs, Bn1 y Bn2 añaden «su».

118.   *platicaua*. En este caso aciertan las peores copias, y A, Bh y B2h «pra[c]ticaba».

119.   *e*. A, laguna.

120.   *e*. A y B, laguna.

121.   *sonetos*. B –excepto B2h– tiene la lección aberrante «conestos».

122.   *Rota*. MN8 «Tota».

123.   *e el...etc*. A, laguna.

124.   *Ioh(á)n*. Excepto SA8 y MN8, el resto presenta «Juan», con B2h «Joan».

125.   *Bocaçio*. ML3 «Boeçio».

126.   *muestra*. MN8 y ML3 «amuestra»; A y B «demuestra».

127. *del su.* ML3 y A «de su».

128. *o linage...gentyles.* A sustituye por «Deorum»; B lo hace por «Deorum Gentilium».

129. *o.* Bs, Bn1 y Bn2 «e».

130. *regiones.* A y B añaden «e»; Bn2 une este añadido al siguiente término y consigue una graciosa lección: «regiones etereas».

131. *longínicas.* MN8 «longincas», igual que A; B —excepto B2h— «longinquas», tras haber cambiado la lección *más* en «muy».

132. *dubdar.* A y B «f[h]azer du[b]da».

133. *en.* A y B «de».

134. *de.* A, laguna.

135. *aun en.* Bs, Bn1 y Bn2 «de».

136. *e.* A y Bh y B2h, laguna.

137. *podría.* A y B —excepto B2h— «podra».

138. *las.* A, laguna.

139. *metrificando.* A y B «metrificado».

140. *Guido.* ML3 «Ovidio».

141. *Janu(n)çello.* A «Ianucello».

142. *e.* A y B, laguna.

143. *E.* ML3, laguna.

144. *ellos...primeros.* A y B —excepto B2h que presenta «auer sido ellos»— «aquellos que primero».

145. *escriuiero(n)*. A y B —excepto B2h—, laguna.

146. *sonetos*. A y B —excepto Bh, que corrige sobre «en estos»— «son estos».

147. *ningu(n)d*. A y B —excepto B2h— «ninguna».

148. *de baxa*. ML3 «(-)baxas».

149. *e*. B. añade «de».

150. *las*. A, laguna.

151. *e*. MN8, ML3 y A, laguna.

152. *D'Ascholi*. A y B —excepto B2h «D'Ascoli»—«D'asculi».

153. *Ninfal*. ML3, A y B —excepto B2h— «Nifal», la lección de SA8.

154. *prosas*. A «promessas» y B —excepto B2h— «cosas».

155. *la*. B, laguna.

156. *en otra*. Falta «en» en A y B, excepto en B2h donde falta «forma», la palabra siguiente.

157. *ytálica*. A «italiana».

158. *e*. A, laguna.

159. *lemosines..* Bn1 y Bn2 «limosnis».

160. *e a*. Falta la conjunción en B, excepto B2h.

161. *la*. A, Bn1 y Bn2, laguna; Bs «que se muestra España».

162. *el*. A y B, laguna.

163. *o* B —excepto B2h— «e».

164. *peso, cuento*. MN8 «peso e cuento»; A y B «c[q]uento y peso».

165.   *rimo e.* Falta la conjunción en A y B.

166.   *tru(n)cados.* ML3 «trençados»; A y Bn1 «tuncados»; Bh y B2h «trin-cados».

167.   *lemosís.* ML3 «lemosyes»; A «limosines»; B2h «lemosines», Bh «lemesones»; Bs, Bn1 y Bn2 «limosinos»; A y B —excepto B2h— añaden «e».

168.   *bioq(ue)s.* A —y B2h antes de hacer una mala corrección «pre-ques»— «bieques»; Bh «briqos»; Bs, Bn1 y Bn2 «bienque».

169.   *de.* A «del».

170.   *Copinete.* A y B «Coplinete».

171.   *Michaute.* A y B «Michante», excepto B2h que presenta lección aberrante «Mitchanar».

172.   *lays.* B —excepto B2h— añade «e».

173.   *e.* A y Bs, Bn1 y Bn2, laguna.

174.   *asonó.* ML3 «ajunto».

175.   *muchos dellos.* B «muchas dellas».

176.   *Otho de Gra(n)dson.* A «Hoco de Grranson»; B «Soto»; Bs, Bn1 y Bn2 «Guerraton»; B2h «Girason»; Bh «Guerra vn».

177.   *e.* A y B añaden «muy»; B2h, laguna en «e».

178.   *Charretiel.* MN8 «Charrotier»; ML3 «Charretier»; A y B «Carretier».

179.   *gra(n)d.* A y B «grande».

180.   *metro e.* A y B sin la conjunción.

181.   *damas.* A y B añaden «e».

182. *sa(n)mersí*. A y B añaden «e»; A «stanmensi»; Bh «Sammesi»; B2h «saumensi»; Bs, Bn1 y Bn2 «saumesi».

183. *matí(n)*. Bs, Bn1 y Bn2 «matu»; A y B añaden «e».[*] *ML3 comienza una gran laguna desde el término «Reuelle».*

184. *pastora-* A y B añaden «e».

185. *ca las*. A y B presentan «porque» y suprimen el artículo.

186. *de*. A «a».

187. *ytálicos*. En las dos ocasiones en que aparece A «italianos»; B sólo tiene la lección de A en el segundo caso (2).

188. *consonar*. MN8 «consonan».

189. *faze(n)*. ß —excepto Bh— «f[h]aze».

190. *familiar, açepta*. A y B «acepta familiar»; Bs, Bn1 y Bn2 ponen «e» entre los dos términos.

191. *q(ue)...q(ue)*. Laguna en Bs; lo más seguro es que suprimiese el segundo, como ocurre en Bn1 y Bn2.

192. *aya(n)*. Bn1 y Bn2 «aya»; Bs «hauer».

193. *descriuen*. A «escriuen».

194. *aun a*. Laguna en Bs, Bn1 y Bn2; falta la preposición en A.

195. *sonorosas*. B —excepto B2h— «sonoras».

196. *E*. A y B, laguna.

197. *la*. Bs, Bn1 y Bn2, laguna.

198. *árboles*. A añade «que»; B —excepto B2h— «e».

199. *todo*. A y B delante «a».

200. *aun.* Bs, Bn1 y Bn2, laguna.

201. *e.* A y B añaden «aun».

202. *rimadas.* A y B «rimas».

203. *e.* B, laguna.

204. *lemosís.* A y B —excepto Bh «lemosynes»— «limosis».

205. *Beruedá.* MN8 «Bergueda».

206. *Pao de Be(n)bibre.* Bs, Bn1 y Bn2 «Pablo de Bebiure».

207. *March.* A y B «Marque».

208. *e.* B —excepto Bh—, laguna.

209. *otras.* MN8 «obras».

210. *En.* A y B delante «Y» o «E».

211. *ca.* A y B «que».

212. *Tos...ensems.* MN8 «ensenis»; A «Tos ieres apren qui» y laguna; B, muy parecido en todos los casos, presenta en B2h «Tot jores apren qui e desapren quien senis».

213. *destos.* MN8 «deste».

214. *q(ue)...otros.* A y B presentan «como de otros que ya dixe».

215. *Febrer.* MN8 «Febler»; A, Bh y B2h «Febrier»; Bs, Bn1 y Bn2 «Sebrier».

216. *obras.* A «cosas».

217. *nobles.* A y B «notables».

218. *aya.* A y B «au[v]er».

219. *del.* Bs, Bn1 y Bn2 «de».

220. *Ausias March.* A, Bh y B2h «Vgias Marque»; Bs, Bn1 y Bn2 «Vsias».

221. *vsóse.* B. —excepto B2h «usaron»— «vsase».

222. *en asaz formas..* A y B «en diuersas maneras»; Bs, Bn1 y Bn2 «de» en lugar de «de».

223. *e.* A y B, laguna.

224. *De Portogal.* MN8 sin preposición.

225. *e aun...mansobre.* A y B, laguna.

226. *pequeño moço.* MN8 «moço pequeño».

227. *cantigas.* A y B «canticas».

228. *toda.* MN8, laguna.

229. *era.* MN8 «eran».

230. *de los...visahuelo.* A y B, laguna.

231. *de.* A y B, laguna.

232. *Senabria.* MN8, A y B —excepto B2h— «Senabria».

233. *Peres.* B —excepto B2h— «Paez».

234. *Casquiçio.* A y B2h «Cascaçio»; el resto de B «Casquecio».

235. *gra(n)de.* MN8, A y B —excepto Bh y B2h— «gran».

236. *tristura.* A y B —excepto B2h— añaden «e».

237. *e brioso.* A tiene en su lugar «victorioso»; B —excepto B2h— «y vicioso».

238. *quien.* A y B —excepto B2h— añaden «[h]e».

239. *Prouey.* MN8 «Probe».

240. *dixo.* A y B añaden «muy».[*] *Alfonso es el último término de la laguna en ML3, que retoma el texto.*

241. *Vinieron.* B delante «E».

242. *fizo.* A y B añaden «asaz».

243. *otras.* A y B añaden «cosas».

244. *e.* A y B, laguna.

245. *Çaydía-* ML3 «Cayda».

246. *cantares.* A y B, laguna.

247. *çénicos.* ML3 «cenizos»; A, Bh y B2h «scenico»; Bs, Bn1 y Bn2 «lucilio».

248. *plautinos e tere(n)çianos.* A «Plauto e Terencio»; Bh y B2h «Plauto o terenciano»; Bs, Bn1 y Bn2 «Plauto o Terencio».

249. *estrinbotes.* MN8 «estranbotes» y así también en A y B.

250. *e.* A, laguna.

251. *en uerdat de asaz.* MN8 «de assaz en verdad».

252. *Púselo.* MN8 «Púsele».

253. *nobles.* Bs, Bn1 y Bn2 «notables».

254. *vil.* B2h «ruyn».

255. *nío.* A y B «nido».

256. *dezir.* A y B añaden «vn».

257. *Guadalaiara.* MN8 «Guadalaxara».

258. *trocame(n)to.* MN8 «trocamiento».

259. *e otra...dizen.* A y B2h, laguna completa; los demás de B respeta la «e» inicial y presenta laguna en el resto. *dizen.* MN8 «dize».

260. *cuydé.* A y B añaden «e otra que dize: 'A Deus Amor, a Deus el Rey'».

261. *e.* A y B —excepto B2h—, laguna.

262. *arte.* A y B —excepto B2h— añaden «e».

263. *Yliescas.* MN8 «Illiescas»; ML3 «Yliestas», por confusión t/c en letra gótica.

264. *descriue.* A y B —excepto B2h, que como en otros casos no entiende la letra gótica y presenta «estruie» (mala lectura t/c y de tres líneas verticales en gótica)— «escriv[u]e».

265. *motes.* Bs, Bn1 y Bn2 «amores».

266. *e.* A, laguna.

267. *sería.* ML3 «serian».

268. *dellas.* B —excepto B2h— «de ellos».

269. *conosçidas.* MN8 «conocidos».

270. *a.* A(1) tenía «por».

271. *yo.* A y B, laguna.

272. *o.* Bs, Bn1 y Bn2 «e».

273. *poeta.* B —excepto B2h— añade «e».

274. *del.* A, laguna.

275. *guirlanda.* A y B «guirnalda».

275 bis. *otros.* En SA8, añadido por una mano posterior.

276. *seteçientos.* ML3 «setençias».

277. *e muy.* A, laguna en conjunción.

278. *Ferna(n)d.* Bs, Bn1 y Bn2 delante «E»; ML3 presenta laguna desde aquí a «dezires».

279. *Calauera.* MN8 «Caluera»; B «Talavera».

280. *dezires e cançiones.* A y B añaden «canciones e dezires [alterando el orden y además], entre otros aquel que dize: 'Julio Cesar el afortunado'».

281. *tío.* A y B añaden «noble».

282. *cauallero.* A y B añaden «e».

283. *docto.* ML3 «culto».

284. *co(n)puesto.* A y B «compuso».

285. *cantigas.* A «canticas», al igual que B2h; el resto de B «canticos».

286. *bie(n).* ML3 «muy».

287. *asaz.* B, laguna.

288. *e.* A, laguna.

289. *Rodríguez.* A y B «Perez».

290. *Portocarrero.* MN8, A, Bs, Bn1 y Bn2 «Puertocarrero».

291. *e Johán.* B «a Juan».

292. *e Alfonso de Moraña.* B —excepto Bs, laguna en ambos, y B2h, «a»— «e a»; B «Moravan», excepto Bs «Morban» y Mn2 «Morbom»; A «Morauan» y añade «a»; B —excepto B2h— añade «e».

293. *cauall(er)o.* A añade «que».

294. *buenas cosas.* A «cosas buenas».

295.   *poesía.* A y B añaden «e», aunque en la primera existe la mala lección «e miro» y en B2h «e metro».

296.   *ninguno.* MN8 y B −excepto B2h− «ningun».

297.   *otro a miçer.* A «[−] a [−]».

298.   *materias.* A y B «maneras».

299.   *hordenadas.* MN8 y ML3 y Bh «orneadas».

300.   *estos n(uest)ros t(ien)pos.* A «[−] nuestor tiempo».

301.   *escriue(n).* A «escriuieron».

302.   *uos.* MN8 «los».

303.   *E.* B, laguna.

304.   *aya.* ML3 «ayan».

305.   *enarrado.* MN8 «narrado»; A y B «encerrado».

306.   *tanto.* MN8 «tan».

307.   *e.* A, laguna. al igual que en la siguiente copulativa.

308.   *deniegan.* MN8 «niegan».

309.   *ya.* MN8, laguna.

310.   *nueua edad.* A y B «edad nueva».

311.   *ca.* A y B «que».

312.   *Quem...odore(m).* A da el texto latino correcto «Quo semel est imbuta recens seruabit odorem testa diu».

313.   *e.* A y B, laguna.

314. *Equitania.* ML3, A y B «Aquitania».

315. *dexo.* A y B «dexolo».

316. *recontar.* MN8 «contar».

317. *se.* ML3 «lo».

318. *e conosçer la.* MN8, laguna; A, laguna en los dos primeros términos.

319. *reputaçió(n).* B —excepto Bn2— añade «e».

320. *extima e comendaçió(n).* A, laguna.

321. *inçessanteme(n)te.* Como SA8, también MN8 ofrece una forma trunca «incesantmente», diferente a la de aquél y a la de ML3 «yçesantemente».

322. *tanto.* MN8 y Bs, Bn1 y Bn2 «quanto», lección errónea fácil de cometer por separado por presencia inmediata del término.

323. *la.* Bs, Bn1 y Bn2 «el».

324. *çessen.* A y B «ces[s]e».

325. *Ántropos.* MN8, A y B2h —tras corrección de la forma de SA8— «Atropos».

326. *glorias.* B «gloria», excepto Bn2, laguna.

NOTAS INTERPRETATIVAS (ENTRE CORCHETES)

1. San Pablo, *Epistola ad Corinthios*, XIII, II.

2. El Marqués desarrolla la idea en otros momentos: «assý los onbres (...) usan (...) del tal exerçiçio segund las hedades» o «Pero es asý que, commo en la nueua edad me pluguiesen, fallélos agora quando me paresçió ser neçessarios». Se trata del tópico del *decoro*, que indica el cambio de gusto con el paso de los años y el rechazo de las obras de juventud; Keith Whinnom apuntó su presencia en Diego de San Pedro y otros autores: «Juan Rodríguez del Padrón, Villasandino, Juan de Mena, el Marqués de Santillana, Juan del Encina, etcétera» (*vid.* Diego de San Pedro, *Obras Completas, II. Cárcel de Amor* (Madrid: Castalia, 1972), p. 11, donde remite a uno de los trabajos de Otis H. Green). Con las *Confesiones* de San Agustín como modelo básico, podemos multiplicar los ejemplos desde la Antigüedad hasta la Edad Media tardía: Cicerón en su *De senectute* (traducido al castellano por Alonso de Cartagena), Dante en el *Convivio* (en que se arrepiente de su *Vita nuova*, su obra juvenil de contenido amoroso) o Denis Piramus en la *Vie de Saint Edmund*, por poner un nuevo ejemplo foráneo (que tomo de Margo Ynes Corona de Ley, «The Prologue in Castilian Literature between 1200 and 1400», Ph. D., University of Illinois, 1976, p. 80. n. 10). Desde luego, no es de extrañar que un poeta deje en su vejez los temas amorosos que cultivó de joven, en un lógico cambio con clara explicación fisiológica; por ello, el tópico del *decoro* refleja casi siempre una evolución real del gusto o los hábitos, con un ejemplo extremo en el religioso Fernán Pérez de Guzmán, según nos lo retrata Alonso de Cartagena en el prólogo de su *Oracional*:

> E aýn demás desto ál, me paresçe que veo en vos non menos loable que en vuestra juuentud o en la viril edad, e aýn algund tanto prouecta, vos uea ocupar en questiones e fazer vuestros dulçes metros e ritmos –que coplas llamamos– de diuersas materias, mas eran de cosas humanas, avnque estudiosas e buenas; pero agora acordades pasar a lo diuino e

deuoto, que a todo lo humano trascende, escriuiendo por vuestra suaue metrificatura hympnos e oraçiones e otras contemplaçiones pertenesçientes a consideraçión del culto diuino. (ms. 9156 Bib. Nacional, f. 1r.)

Próxima a las anteriores, la declaración del rey Juan I de Aragón, con motivo del primer certamen de la Gaya Ciencia, indica la necesidad de la poesía en cada edad; esta es una forma positiva de abordar el *decorum*:

parvulos et iuvenes haustu sui latis melei plus nutrit, et attrahit, faciens eos in puerilibus annis anticipare modestiam senectutis, et ante capescere mentem gravissimum quam possint annorum aetate canescente numerosa edocens eos ut in ipso aetatis iuvenelis fervore more legitime temperetur: senes delectabili recreaciones, conferens morum gravitate venustos quarum in pristina sustinent iuventute, utrosque dulci modulamine gaudii praenimis recreans et delectas.

(El texto se halla en un manuscrito del Archivo de la Corona de Aragón, Reg. 1924, fols. 149r-150r, citado por Roger Boase, *The Troubadour Revival: a study of social change and tradicionalism in late medieval Spain* (Londres: Routledge & Kegan Paul, 1978, en apéndice.)

Tras estos ejemplos es difícil pensar que la idea del decoro, tal como la presenta don Íñigo, tenga su fuente directa en el célebre pasaje de Horacio: «Aetatis cuiusque notandi sunt tibi mores, mobilibusque decor naturis dandus et annis» (*Ars poetica*, 156-57), como quiere Miguel Garci-Gómez en «Otras huellas de Horacio en el Marqués de Santillana», *Bulletin of Hispanic Studies*, 50 (1973), 127-141.

Es curioso comprobar que en una de las pocas ocasiones en que parecemos encontrarnos ante notas autógrafas de don Íñigo, en el códice que contiene la *Divina Commedia* en italiano y traducción española atribuida a don Enrique de Villena (ms. 10186 Bib. Nacional), leemos el siguiente comentario:

Nota cómmo todo onbre en la madura edat deue cesar el malbeuir.

Es una nota a los versos del l. I, cap. XXVII:

Quando mi uidi giunto in quela parte
di mia ectate oue ciaschum deurebe
callar le uelle e racoglier le sarte
lo che pria mi piaque alor m'increbbe

La traducción castellana de Enrique de Villena es esta:

> Quando me bi junto aquella parte
> de mi hedat donde cada vno deuría
> baxar las belas e recoger la xarçia
> lo que primero me plazía estonçe me desplogo. (fol. 47r.)

Para concluir, es preciso afirmar que, en el Marqués, esta afirmación es sólo un tópico si aceptamos que las canciones y decires a que alude incluyen un corpus mucho más extenso que sus poemas líricos de juventud, como he señalado más arriba. Si se revisa de nuevo el contenido del *Cancionero del Condestable*, según aparece en el inventario de sus libros, comprobamos que, al enviarlo el Marqués, pudo incluir ya el *Bías contra Fortuna*, compuesto en fecha próxima al *Prohemio* (*vid.* el cap. 2 de la Introducción). Quizás, quepa aceptar que el Marqués ya no se identificaba con algunas de sus poesías de juventud, si bien su afirmación es categórica al no considerarlas dignas de memoria en su conjunto o «a lo menos las más dellas». El tópico del *decoro* es aquí una forma *humilitatis*, como lo será, más adelante, la alusión a «estas obretas mías», con un diminutivo de posible origen italiano o catalán que, con el mismo criterio, había empleado al titular su *Comedieta de Ponça*.

3.   ¿Implica esta afirmación que don Íñigo no guardaba copia de sus obras? Sabemos que no es así, como nos lo demuestra la calidad del códice salmantino enviado a Gómez Manrique, procedente del escritorio del Marqués; difícilmente podría aceptarse que las poesías de dicho manuscrito –las mejores en sus respectivas tradiciones textuales– se han recogido de distintos cancioneros, particulares o colectivos, prestados al Marqués. Sin embargo, la dispersión de los poemas de don Íñigo es un fenómeno real en algunos poemas amorosos o de circunstancias y en algún decir narrativo. La afirmación debe entenderse como una continuación del tópico del *decoro*.

4.   La *manía* poética, gracia infusa o virtud divina, es básica entre los conceptos literarios medievales. Su punto de partida es el *Fedro* de Platón (*passim*), si bien la discusión de los valores del poeta-vate y el poeta-artífice más célebre es la de Horacio en su *Ars poetica* (295-308 y 453 al final). El asunto encaja en la polémica sobre la formación del artista: la contraposición del estudio y formación (*ars*) y el espíritu innato (*natura*), a que tantas veces alude la antigua Retórica (*vid.* H. Lausberg, «La dialéctica 'natura-ars'», *Manual de retórica literaria, op. cit.*, pp. 91-93 y 62n). La inserción del poeta-vate en el mundo medieval ha sido estudiada por Ernst Robert Curtius

en *Literatura europea y Edad Media Latina* (México: F.C.E., 1976²), vol. II, pp. 667-68, que olvida a Leonardo Bruni y su *Vita Dantis,* que constituye la defensa más rotunda de la existencia de dos tipos de poetas; la traducción castellana de la obra, que pudo pertenecer a don Íñigo, presenta al autor de la *Divina Commedia* del modo siguiente:

El su estudio prinçipal fue en poesía, mas non esterile o sin fruto, nin pobre nin fantástica, antes frutuosa e enriqueçida e estableçida de uerdadera çiençia e de muy muchas diçiplinas e instruçiones. E por dar esto mejor a entender al que lee, digo que los poetas son e se fazen en dos maneras: el un modo es por ingenio propio despartado [*sic*] e comouido de algún uigor interior e oculto o ascondido, el qual se llama furor e ocupaçión de mente. E cerca [*seguramente con valor verbal*] desto Dante alguna semeiança de aquello que yo quiero dezir: çierto es que San Françisco, non por çiençia nin por diçiplina escolástica mas por ocupaçion e comouimiento de mente, aplacaua su ánimo así fuerte a Dios tanto que se trasfiguraua casi allende del seso humano e conoçía de Dios más que nin por estudio nin por letras conoçen los theólogos. Así es en la poesía que alguno por interior e intrínseco mouimiento e aplacación de mente se faze poeta. E aquésta es la más alta e más perfecta espeçie de poesía; e commo quier que dizen que los poetas son diuinos e los llaman sacros e commo quier que los llaman uates o adeuinos, la su apellaçión o nonbre es tomado de aqueste furor o intrínsico mouimiento que yo digo. E cerca desto auemos exenplos de Orfeo e de Essiodo, de los quales cada uno fue tal commo e según de suso es por mí recontado, e Orfeo fue de tanta efficaçia que mouía las piedras e las montañas con su instrumento, e Esiodo, seyendo pastor rudo e indocto, en beuer solamente del agua de la fuente Castalia se fizo e deuino muy alto poeta sin otro algún estudio, del qual tenemos oy las obras, e son tales a que ninguno de los poetas letrados e sçientíffícos le tienen uentaja. Así que una espeçie de poetas es por interior affecçión e mouimiento e despertamiento de mente. La otra espeçie es por çiençia, por estudio e por diçiplina, por arte e por prudençia; e de aquesta segunda espeçie fue Dante, ca por estudio de filosofía e de teología e astrología e de arismética e de geometría e por lecçión de estorias e por tractar e boluer muchos e uarios libros, velando e sudando en los estudios, alcançó aquesto e la çiençia, la qual deuía ornar, conponer e esplicar con los sus uersos. (ms. 10171 Bib. Nacional. fols. 42r-43v.)

Bruni, a diferencia de otros estudiosos medievales, separa ambos modelos de creador; en cambio, la norma es cargar las tintas sobre innatismo y aprendizaje al mismo tiempo, con claro ejemplo en Juan del Encina, quien vuelve sus ojos a la antigua preceptiva retórica:

> y tomen por sí aquel dicho de Quintiliano en el primero de sus *Instituciones*, que ninguna cosa aprovechan las artes y precetos adonde fallece natura.

Y sobre todo:

> Assí que aqueste nuestro poeta que establecemos instituyr, en lo primero, venga dotado de buen ingenio. Y porque creo que, para los medianamente enseñados, está la verdad más clara que la luz, si oviere algunos tan bárbaros que persistan en su pertinacia, dexados como incurables, nuestra exortación se enderece a los mancebos estudiosos cuyas orejas las dulces musas tienen conciliadas. (Edición de Francisco López Estrada, *Las poéticas castellanas de la Edad Media* (Madrid: Taurus, 1984), p. 85.)

Testimonios similares recorren la preceptiva catalano-provenzal, con distinto énfasis en el *ars* y la *natura* pero sin olvidar ambos; en el propio prólogo de Alfonso de Baena a su cancionero, el llamado *Prologus Baenensis*, el carácter innato del poeta resulta fundamental, pero en un momento el término *aprender* salta de su cálamo para no olvidar el carácter técnico inherente a toda creación poética. En el caso del *Prohemio* de don Íñigo, su talante didáctico deja claro que éste cree posible educar los gustos poéticos de un joven que empieza a componer; sin embargo, en ningún caso se indica que escribir poesía sea una técnica.

5.   En la enumeración del Marqués, sorpende el uso de la paronomasia *zelo çeleste*, con el sentido de «ardor divino», que remite de pleno a la manía poética apuntada por Platón; es una forma similar a la de *afecçión poética*, que, antes que don Íñigo, había utilizado ya su maestro Enrique de Villena, pues de él es sin duda la traducción, argumento (*ystoria*) y comentario a un soneto de Petrarca, *Non Tesin, Po, Varo, Arno, Adige, e Tebro*; en el argumento, se indica:

> Estauan muchos departiendo caualleros e gentiles omnes en la cámara del Rey Roberto, diziendo cada vno lo que más deseaua de las feliçidades temporales. Vnos nonbrauan riquezas, otros honras, otros victoria de enemigos, otros cunplimiento de amores, e así cada vno segund sus appetitos e affecçiones. E llamaron ende a miçer Françisco, rogándole

que declarasse su desseo; e aquél apartóse e fizo el soneto ya dicho, e ouiéronlo por bien fecho e loaron su propósito e *afección poetal* uirtuosa. Mostráronlo al Rey dicho, e con plazer que dél ouo, mandólo escreuir en el registro de sus obras. (Cito directamente del ms. 10186 Bib. Nacional, fol. 199r, aunque existe una buena edición y estudio de Dereck C. Carr, «A fifteenth-Century Castilian Translation and Commentary of a Petrarchan Sonnet: Biblioteca Nacional, MS. 10186, folios 196r-199r», *Revista Canadiense de Estudios Hispánicos*, 5 (1981), 123-43)

Sobre la divinidad de la Poesía debe verse una vez más Otis H. Green, *Spain and the Western Tradition* (Madison: The University of Wisconsin Press, 1968), pp. 389-467 (trad. esp. en Madrid: Gredos, 1969).

6. Por lo que se refiere al tercer miembro de la enumeración, *insaçiable çibo del ánimo* es una forma más (alimento para el cuerpo / alimento para el espíritu) del conjunto de metáforas de alimentos estudiadas por Curtius (*Literatura europea...*, op. cit., vol. I, pp. 198-201). La palabra *çibo* aparece con el valor general del latín *cibus* (alimento) y no con el significado especializado que limita el término a los animales, cambio que se producirá un siglo después.

7. La expresión *asý commo la materia busca la forma e lo inperfecto la perfección* no es sino un calco de una de las sentencias más célebres de los neoaristotélicos medievales en la teoría hilemórfica (*Metaphysica, V*), con otros paralelos en el Filósofo (*De animalibus*, I y *Phyisica*, I): «Materia appetit formas rerum, ut femina virum», frase que hará fortuna en otras dos grandes obras, *La Celestina* («Así como la materia apetece a la forma, así la mujer al varón», en el auto primero) y *El Caballero de Olmedo* (sobre esta última, *vid.* el artículo de Peter N. Dunn, «'Materia la mujer, el hombre forma', Notes on the Development of a Lopean *Topos*», en *Homenaje a W. L. Fichter* (Madrid: Castalia, 1971), pp. 189-199). En nuestro caso, debe recordarse también el siguiente pasaje del *Tratado de Astrología* atribuido a Enrique de Villena: «E aquesta es una razón porque fueron falladas las proporçiones en philosofía, porque lo inperfecto fuesse traýdo a perfeçión» (ed. Pedro M. Cátedra en Barcelona: Humanitas, 1983, p. 129).

8. El Marqués precisa glosar el vocablo *poesía* por tratarse de un término extraño aún a la lengua española, aunque es relativamente común en la prosa de don Íñigo (*Infierno de los enamorados*, 414; *Planto de la Reina Margarida*, 104; *Sueño*, 48; *Comedieta de Ponza*, 216, 440, y *Defunsión de don*

Enrrique de Villena, 150). El término *poeta* es aún más frecuente, frente a *poema*, que aparece en menos ocasiones; sobre esta última forma, Miguel Garci-Gómez ha indicado: «La introducción del vocablo *poema* en el castellano literario se debe a Santillana» («Otras huellas de Horacio en Santillana», *Bulletin of Hispanic Studies*, 50 (1973), 127-141 (139)); sin embargo, esta forma había tenido ya algunas documentaciones previas en castellano gracias a Enrique de Villena y a los comentaristas de Dante, como se verá después.

9. *Fingimiento:* cultismo semántico (lat. *fingere*, «componer», «modelar», «formar»). Tras esto, tenemos que la poesía es una composición de cosas útiles cuya forma es hermosa, en línea claramente horaciana; pero, a diferencia de lo que sospecha Garci-Gómez («Otras huellas...», *ibid.*, 133), no creo que el texto latino del *Ars poetica* sea la fuente del Marqués (mi idea acerca del conocimiento que don Íñigo tenía del latín puede comprobarse en sus *Obras completas, op. cit.*, pp. XX-XXI, preparadas por mí junto a Kerkhof), pues encontramos ecos similares en numerosos textos españoles de la primera mitad del siglo XV, en concreto en traducciones de humanistas, italianos fundamentalmente. El término *fingir*, a pesar de lo dicho, jamás se desligó, en el uso que los humanistas hacían de dicha palabra, de la idea de escribir obras de ficción. La labor de los poetas es la de *fingir* (el verbo aparece una y otra vez machaconamente en las glosas de don Enrique de Villena a su traducción de la *Eneida*), como recuerda Bruni en su *Vita Dantis*:

> Assí que aquestos que fizieron obras fueron poetas, conuiene saber fingidores e fazedores de las tales obras que nosotros leemos; e nos somos los leedores e ellos fueron los fazedores e fingidores [...] Assí que, según esto, poeta es aquel que faze alguna obra, conuiene saber, el que es actor o conponedor de aquello que otro lee. (ms. 10171 Bib. Nacional, fol. 44r-v.)

En los mismos términos se expresa el traductor del *Ovide moralisé* de Pierre Berçuire, aunque en esta referencia ya está presente el componente fantástico dentro del término *fingir*:

> por semejante manera fizieron los poetas, los quales en el prinçipio effingeron fablas, ca por los tales enfingimientos sienpre alguna verdat quisieron entender. Constante cosa es el que por los libros de los poetas passa que apenas o nunca es de dar fabla que non contenga alguna uerdat natural o ystórica. (ms. 10144 Bib. Nacional, fol. 1r-v.)

91

La misma Biblia y la exégesis e interpretación de textos profanos –a través de los usos del evemerismo en el segundo caso, por regla general– justifican estos procedimientos: la poesía debe interpretarse para extraer la verdad última presente en los textos. Así, el intento de Berçuire es

> moralizar las fablas de los poetas, por que así las tales ficçiones puedan las costunbres e los misterios de la fee confirmar. Líçita cosa es que, si el omne pudiere, de las espinas coja uuas e que miel de la piedra chupe, e quel azeyte del muy duro guijero para sí tome. (*ibid.*, fol 1v.).

Realmente confusa queda la cabecera del capítulo XV de la traducción de Fernando de Talavera de la obra de Petrarca, *Invective contra medicum*, en castellano *Reprensiones y denuestos contra un médico rudo y parlero*. En este caso, el mundo semántico del término acaba por cerrarse: así, de los tres valores de *fingir*, «componer» y «escribir ficciones» quedan en pie, mientras que el poeta laureado rechaza el que se asocia con «mentir». Transcribo la totalidad del fragmento, de longitud considerable, por su interés:

> Cap. XV. Que officio de poeta no es fengir, ni menos mentir: Mas bueluo a las fiçiones que reprehendías; pues oye lo que Lactançio, varón, por notiçia de poetas y philósofos y por las [*sic*] cortés fabla de Çiçerón –y que vale más que todo en la fe católica–, muy claro dize en el libro de sus *Instituçiones*: «non saben quál sea la manera de la líçita poetría fasta que fingiendo anden por ella, commo ofiçio de poeta sea las cosas verdaderas mudar en otra espeçie con obliquas o torçidas figuras y con alguna fermosura.» Y todo aquel que dizes que finge quiero dezir ser inepto y mendaz más que poeta. ¿Marauíllaste, bestia? Nunca pienso que oýste esto.
> Cap. XVI. Por qué los poetas no fablan claro, dado que non finjan: El mentir dexamos a vos [*los médicos*], y mentir non commo quiera mas con dapno de los creyentes, que es muy graue linaje de mentir. El estudio de la poeta [*sic*] (non me oso deñar deste nonbre que tú sin seso me apusiste por infamia), pues, digo que ofiçio de poeta es adornar y componer la verdad de las cosas con fermosas coberturas [*N.B.*] por que sea oculto al vulgo, de que tú eres parte última y postrimera, pero a los estudiosos e ingeniosos lectores trabajosa en buscar y dulçe de fallar. En otra manera, si falsamente crees (commo los nesçios suelen, que lo que non pueden alcançar vituperan) que ofiçio de poetría sea mentir, quiero luego que creas que eres el mayor de los poetas tú, cuyas mentiras son çerca más que palabras. Finalmente, Menio viejo te dará

lugar y non menos Eurípides; vençido, exçederás a Marón; vazío te quedará Elicón, la corona por tomar y la fruente Castalia sin ser o tocada o gustada. (ms. 9815 de la Bib. Nacional, fols. 17r-18r, aunque en algún otro caso cito por la edición cuidada por Pedro Cátedra en Francisco Rico, ed., Petrarca, *Obras. I* (Madrid: Alfaguara, 1978), pp. 382-410.)

Seguramente, la traducción de Talavera es algo posterior a la obra del Marqués, quien, quizás, pudo haber conocido uno de los escasos manuscritos latinos que parecen haber circulado por la Península. La defensa que Petrarca hace de la poesía hunde sus raíces en el mundo clásico, pues encuentra su principal impulso en la alabanza de la poesía y los poetas del *Pro Archia* ciceroniano (tras él, Boccaccio demostrará cuál fue la gran aportación de Dante al dejar en claro que «le poetiche opere non essere vane o semplici favole o maraviglie, come molti stolti estimano, ma sotto sé dolcissimi frutti di verità istoriografe o filosofiche avere nascoti», *Trattatello in laude di Dante* o *Vita Dantis*, ed. de Pier Giorgio Ricci [Milán-Nápoles: Riccardo Ricciardi, 1965], p. 574. A pesar de disponer de un códice con esta obra, el Marqués no da muestras de haberla asimilado tan bien como otras de diferentes humanistas italianos; en especial, echo en falta algunos de los argumentos fundamentales de la *Vita* sobre el origen de la poesía y los poetas). Un texto que considero de gran importancia para comprender este pasaje —pues en él se encuentran varios de los términos usados por don Íñigo y una extraordinaria defensa del oficio poético— es el capítulo XIII del libro III de la *Caída de príncipes* de Boccaccio, que bien pudiera ser una fuente adicional junto a las que indicaré en las notas que siguen (en especial la n. 13); aquí, al referirse a los distintos grupos sociales, se habla de los caballeros, jurisconsultos, labradores y poetas, a los que, en el último caso, defiende de sus detractores:

A estos claramente confesaré que yo non so poeta nin tanta locura en mí non tengo que yo tenga que sólo que non so o lo querría aver. Verdat es que lo deseo e trabajo quanto puedo con estudio por lo alcançar, mas sy llegaré a la fin que lo pueda cobrar, esto Dios lo sabe. Asaz veo e pienso que las mis fuerças para tan grant corredera commo esta non abastarían, ca muchas peñas, muchos barrancos, muchas montañas asperas e espantosas están en el camino, tales que non sé sy podría atreuerme a lo prouar; e maguera que algunos muchos piensan que cosa muy ligera es la poetría alcançarla, segunt se deue buscar, e con sus bocas desvergonçadas dizen e afirman que los poetas non dizen synon mentiras e fablillas, e commo que son juglares, por çierto los que estas cosas dizen aquéllos son los mintrosos. En verdat tanto puedo

dende entender que esta çiençia es en sí noble mucho e sotil e muy apostada en quanto la flaqueza de los que en ella trabajauan pudo alcançar: sienpre seguían los rrastros de la Santa Escriptura. Primero declaró por los profectas que eran por venir los secretos de la voluntad deuinal so vn conçevimiento encubierto callado e honesto; *asý esta sçiençia de poetría las sus ymaginaçiones en sý conçebidas so vna cobertura de ynfingimientos pública e manifiesta*, e sy muy buen omne es, los dichos de la su poetría muy buenos paresçerán. Nin los antiguos non fueron menguados de seso e de entendimiento, que segunt su costunbre otorgaron tan solamente a los vençedores de las batallas e a los poetas en gualardón señala [*sic*] del su trabajar ser coronado de laures, e en testimonio de virtud que en ellos era. Pues estos omes onrrados non erraran en fazer que los vencedores e los mintrosos, si tales son los poetas, con vn don egual los afeytasen.
(ms. 7799 de la Bib. Nacional, fols. 103v-104r.)

10.   Tampoco es preciso que la unión de la estética y la didáctica parta directamente del texto latino de *Ars poetica* horaciana −poco conocida en la España del siglo XV−, como quiere Garci-Gómez (*op. cit.*, 134); el *omne tulit punctum qui miscuit utile dulce* comenzaba a ser un lugar común, recogido, entre otros, por Benvenuto Rambaldi de Imola en su Comentario al *Infierno* de Dante, presente en la biblioteca del Marqués de Santillana:

Los poetas o quieren aprovechar o quieren delectar o juntamente las cosas alegres e ydóneas dezir de la vida (...). Todo punto trayó o tocó el que mezcló lo provechoso a lo dulce. (ms. 10208 Bib. Nacional, fol. 3r.)

11.   No resulta difícil determinar el sentido de la expresión «cubiertas o ueladas con muy fermosa cobertura», pues, como se ha visto, el término *cobertura* (el *integumentum* clásico y medieval) ya aparece en las versiones castellanas del *De casibus* (*vid.* n. 9) y don Enrique de Villena aclara el segundo vocablo en una de sus glosas a la traducción de la *Eneida*:

So el velo, etc. Velo se llama ha de cubierta ho palliaçión con que los poethas suelen fablar; que ansí como el velo cubre la cosa sobre que está (pero non tancto que por su delgadez non se conosca que algo está deyuso, e se muestra, avnque non tan claramente commo syn velo), ansí los dezires poéthicos fablan por tales encubiertas que ha los non entendidos paresçe escuro e velado e ha los entendidos claro e manifiesto; segund fizo Uirgilio quando fabló de Eneas, que paresçe que lo

94

crear [...]. Poesía es vna feruor de exquisitament trobar, guiant la fantesia en ornadament escriure lo que haura trobat, proceint del si de Deu, a pochs enteniments atorgada en la creacio, daon ve que poch son ves poetes, perque atart se dexen veure los grans effectes de aquesta diuina feruor [...] Dient per infusio venir la lur sciencia. (Este libro, en dos volúmenes, se imprimió en Barcelona, por Pere Miquel, el 24 de abril de 1494. La Biblioteca Nacional conserva dos ejemplares con las signaturas I-1744 y I-2435 [n.º 1381 del *Catálogo de incunables de la Biblioteca Nacional* de D. García Rojo y G. Ortiz de Montalván (Madrid: Biblioteca Nacional, 1945); la cita anterior procede del fol. 136r-v].)

El término *infusas*, que don Íñigo inserta poco después, es también claramente boccacciano, como puede comprobarse.

14.   ¿Quiénes son los enemigos de la poesía a que alude don Íñigo? Recordemos que ya en el Proemio a sus *Proverbios* el Marqués de Santillana había señalado:

> Por ventura, illustre e muy bienaventurado Prínçipe, algunos podrían ser ante la Vuestra Exçelençia, a la presentaçión de aquestos versos, que pudiessen dezir o dixessen que bastasse solamente al prínçipe o al cavallero entender en governar o rregir bien sus tierras, e quando al caso verná deffenderlas o por gloria suya conquerir o ganar otras, *e ser las tales cosas superfluas e vanas.* (ed. de Gómez Moreno y Kerkhof en *Obras completas, op. cit.*, p. 217).

Ambas referencias hemos de integrarlas en el ámbito de la polémica sobre la licitud de los *studia humanitatis* en general y la poesía en particular. Nicholas G. Round ha sido el primero en recordar esta discusión, común a buena parte de Europa entre los siglos XIV y XV («Renaissance culture and its opponents in fifteenth-century Castile», *Modern Language Review*, 57 (1962), 204-215); tras sus huellas, Francis Ferrie ha intentado explicar el porqué del *Prohemio e carta*: el escrito a don Pedro de Portugal sería una apología del oficio poético frente a sus detractores («Aspiraciones del humanismo español del siglo XV: Revalorización del *Prohemio e Carta* de Santillana», *Revista de Filología Española*, 57 (1974-75), 195-209), a diferencia de lo que don Rafael Lapesa había escrito años atrás: frente a lo acontecido con el propio Boccaccio, el Marqués «no necesita responder a acusaciones que el condestable no ha formulado; sólo quiere hacerle sentir la alteza del don poético y mostrarle la posibilidad de tratar asuntos elevados» (*La obra literaria..., op. cit.*, p. 250). Además de considerar irrefutable la afirmación de Lapesa, creo conveniente matizar las ideas de Ferrie, pues la defensa de los *studia humanitatis* y de la poesía se había convertido en un auténtico lugar común en la Castilla del siglo XV en clara derivación de lo ocurrido en Italia un siglo antes.

El primer gran pleito sobre la licitud de la literatura (clásica y pagana, por supuesto) tuvo lugar entre los Padres de la Iglesia: sus defensores fueron San Paulino, San Hilario, Prudencio y otros; sus más famosos detractores, Tertuliano y Minucio Felix (puede verse un resumen de dicho pleito en Prudencio, *Obras completas* (Madrid: B.A.C., 58, 1950), pp. 36-52; más información en Etienne Gilson, *La Filosofía en la Edad Media* (Madrid: Gredos, 1976), cap. 1.º y ss., y en H. Chadwick, *Early Christian Thought and the Classical Tradition*, Oxford: University Press, 1966). La polémica surge siglos después, en la Italia del Trecento, de la mano de dominicos como Giovanni de San Miniato y Giovanni Dominici, cuyos dardos se dirigen una vez más contra los *studia humanitatis* y la poesía, como recuerda Ottavio di Camillo:

> Cuando Boccaccio escribió los dos últimos libros de la *Genealogía*, la polémica humanista sobre el arte poético contaba ya, por lo menos, con una generación a sus espaldas. Había empezado con la carta de Albertino Mussato (que se ha perdido) en defensa de la poesía, según él la concibe, contra Giovannino de Mantua, un dominico que la había despreciado, junto con las restantes artes, para exaltar la primacía de los estudios teológicos. La controversia continuó con Petrarca, cuyas invectivas se dirigían contra frailes ignorantes y contra dialécticos y averroístas. Para salir al paso a los detractores de la poesía, los humanistas, frecuentemente, se apoyaban en opiniones y argumentos de aquellos primeros Padres de la Iglesia que pretendieron reconciliar el saber y las ideas paganas con las doctrinas cristianas. (*El Humanismo castellano...*, *op. cit.*, pp. 82-83).

El texto de Petrarca no es otro que el de las *Invective*, revisado en la nota 9. Parecidos escritos tienen otros grandes humanistas, como el propio Coluccio Salutati («Salutati defended poetry against the more conservative scholars and churchmen of his days», como señala Craig Kallendorf, «The Rhetorical Criticism of Literature in Early Italian Humanism from Boccaccio to Landino», *Rhetorica*, 1 (1983), 33-59 [41]) o el conspicuo Leonardo Bruni, quien, en una de sus epístolas a Juan II (una carta de envío de extraordinaria importancia, que coincide en cierto modo con la que Alfonso de Cartagena mandó al Conde de Haro (*vid. infra*), pues restringe las lecturas de Juan II a «los estudios que del rey son propios, es a saber: qualquier cosa que se pertenesçe a la derecha forma de gouernar, que pertenesçen a la iustiçia, a la mansedumbre, a los fechos del grand coraçón, a la gloria»), escribe al monarca castellano:

...es a mí muy agradable entender la tu serenidad aunque entremetido en ocupaçiones acostunbrar dar obra a los estudios e letras. E por ende, ríasse de mí si quisier qualquier destos enemigos de la çiençia. (ms. 10212 de la Bib. Nacional, fol. 19r-v.)

El aclimatador de esta idea en Castilla parece ser –cómo no– don Enrique de Villena; de él es al menos el primer testimonio de que tengo noticia en nuestro idioma. En una de sus glosas a la *Eneida*, don Enrique se queja del olvido en que habían caído los estudios:

...los de su tiempo, por la mayor parte, non se pagauan de sçiençia ni avían por bien que los grandes señores e personas de estado curasen de las sçiençias e se diesen al trabajo dellas. (ms. 17975 de la Bib. Nacional, fol. 2r.)

Pero el pasaje más célebre es el de la traducción de la *Homilia de San Basilio*, obra tal vez de Pero Díaz de Toledo, cuyo prólogo, dirigido al Marqués de Santillana, fue editado por Mario Schiff y recogido por Nicholas G. Round; en él, el traductor se dirige a don Íñigo en los siguientes términos:

...e enbiar a vuestra nobleza esse libro del gran Basilio, por que con la auctoridat de este tan gran varón pueda vuestra nobleza confonder la ignauia e peruersidat de los que vituperan los estudios suso dichos (*estudios de humanidad*) e que dizen que es aredrarse dellos de todo punto. (M. Schiff, *La Bibliothèque...*, *op. cit.*, p. 343.)

Es interesante sobremanera el caso del Obispo de Burgos, don Alonso de Cartagena, que defiende los *studia humanitatis* pero ataca a la poesía, mejor dicho, a cierto tipo de poesía; para el primer aspecto, véase su respuesta a la *Carta del Marqués de Santillana*, tradicionalmente denominada *Qüestión sobre el acto de la caballería*:

Es de maravillar cómmo podedes apremiar vuestro coraçón, e auer por deleyte e descanso estudiar e leer e aún escreuir en *estas cosas que a muchos paresçen superfluas*. (Gómez Moreno y Kerkhof, eds., M. de S., *Obras completas*, *op. cit.*, p. 419.)

En lo que respecta a su rechazo de ciertas formas literarias, su *Epístola al Conde de Haro* es ya un texto célebre gracias a la edición de Jeremy N. H. Lawrence, que adjudica la obra al Obispo de Burgos («quid existimandum est de poeticis libris, qui nullum misterium continent nullaque autoritate sunt fulti, sed propter solam dulcedinem legi appetuntur?», *Un tratado de Alonso de Cartagena sobre la educación y los estudios literarios* (Barcelona: Universidad Autónoma, 1979), p. 52). Al recordar a Pedro Fernández de Velasco, Conde de Haro, cuáles son las lecturas aconsejables para los *militares viri* y qué libros deben evitarse, Alonso de Cartagena quiere salir al paso de los gustos literarios de la nobleza del momento, como recuerda el propio Lawrence:

> El Prejuicio aristocrático contra las letras se limitaba a los escritos morales y éticos que quiere ensalzar Pérez de Guzmán [*Loores*]... Éstos fueron los que «embotaban la lanza y enflaquecían la espada». En efecto, abundan los indicios de un notable auge del interés por los géneros literarios castigados como frívolos por Cartagena y Pérez de Guzmán —poesía amorosa, debates en verso, tratados de misoginia o de profeminismo, cuentos de viajeros y novelas caballerescas–, interés debido a la influencia del 'tópico' de las 'armas y las letras', que tendía a convertir tales géneros en diversiones imprescindibles al cortesano. (*Ibid.*, p. 23)

Oposición a la ciencia (con la amplitud conceptual que dicho término tiene en la época), a los *studia humanitatis*, a la literatura o la poesía y, finalmente, a cierto tipo de obras literarias o de poemas, que, en esta última forma, encontraremos también en siglos posteriores: en Cervantes y su *Quijote* y, antes, en Antonio de Guevara o Juan de Valdés, se leen críticas paralelas a las cuatrocentistas, con especial animadversión por las novelas de caballerías; el camino había sido abierto por Alonso de Cartagena al rechazar obras como el *Tristán* o el *Lanzarote*. Tiene razón Philippe Berger cuando recoge una idea de un ilustre investigador francés: «Como señala Maxime Chevalier, la condena moral lanzada contra las novelas de caballerías por los intelectuales de la época no es, en la mayoría de los casos, más que puro formulismo» (*Libro y lectura en la Valencia del Renacimiento* (Valencia: Edicions Alfons el Magnànim, 1987), vol. I, p. 174). Lo mismo puede decirse de las apologías literarias medievales, que, en forma más o menos breve, no pueden faltar en los escritos de un buen número de autores de la primera mitad del siglo XV, muchos de ellos próximos al Marqués de Santillana. No cabe ninguna duda de que los intereses culturales de esos autores eran poco habituales en la Castilla de Juan II; algunos recuerdan tal situación, otros reflejan los comentarios similares que encuentran en sus lecturas de humanistas italianos: ambos, en definitiva, abonaban un lugar común. Los enemigos de las letras existían, como también los detractores de los nobles metidos a poetas (no sólo prelados como Cartagena, sino además otros nobles más guerreros que letrados o bien otros tan religiosos como el propio Conde de Haro), pero don Íñigo no parece esforzarse demasiado en rebatir sus argumentos (podría haber seguido una línea similar a la de las *Invective* petrarquistas); es más, los acepta en buena medida. El Marqués recuerda que existen formas distintas de poesía de acuerdo con la edad del poeta: las composiciones «vanas e lasçivas» son, sin duda, poemas de juventud que el hombre maduro debe excusar; pero para este último, la poesía es aún un instrumento precioso del que debe servirse porque, entre otras cosas, es una de las formas de la elocuencia, como se verá inmediatamente. Como colofón a esta larga nota, léase el interesante testimonio del Rey don Duarte de Portugal en su *Leal Conselheiro* (escrito entre 1428 y 1437), donde traza una magnífica defensa de la tarea de leer y escribir obras literarias y continúa con un claro elogio de sus propios familiares por haber dedicado parte de su tiempo a la escritura. El orgullo familiar de don Íñigo en su *Prohemio e carta* es similar al de don Duarte:

E conssijrando que.os que leem, geeralmente reguardom a. estas fijs. s. Prymeira por acrecentar en uyrtudes, mynguar em fallicimentos, prazendo por ello a. nosso Senhor, e alcãçar na uida presente e [na] que speramos o. que dá graciosamente aos que per ssa mercee lhes praz bem uyuerem. Segunda por contentamento que filhã do que sabem. Terceira por tal sciencia. Quarta por querer parecer sabedores. Quinta querendo algũa parte de tempo bem despender. Sexta, por semelhante, em leendo, antre.ssy ou a.outros, filhar prazer. E.a. mym parece, se afeiçom me nom torua, que os leedores d'este trautado algũas d'ellas per el poderom percalçar: porem me de.o screuer.
E. ssemelhante o. muy excelẽte e uirtuoso rey, meu senhor e padre, cuja alma Deos aja, fez hũu *Liuro das oras de Sancta Maria*, e *Salmos certos por os finados*, e outro *Da. moontaria*. E.o. iffãte Dom Pedro, meu sobre todos prezado e amado jrmãao, de. cujos feitos e uida muyto som contente, compôs o *Liuro da uirtuosa benfeituria* e as *Oras da Confissom*. E aquel honrrado rey Dom Affonso, estrollogo, quantas multidoões fez de leituras? E. assy rey Sallamon, e outros na ley ãtigas, e d'outras creenças, seendo em real estado, filharom deseio e folgança em screuer seus liuros do que lhes prouue, os quaaes me dam, pera semelhante fazer, nom pequena autoridade. E. porém nom entendo que seia occiosidade, mes remedio pera tirar d'ella mym e os outros que per este trautado quyserem leer ou semelhante screuer, nom se toruando por ello do que hamde. obrar, como, graças a. nosso Senhor, eu faço. (en José Leite de Vasconcelos, *Textos arcaicos* (Lisboa: Livraria clássica editora, 1970), pp. 74-75.)

Hemos de tener en cuenta la posible influencia que don Alonso de Cartagena, amigo común del Marqués y de don Duarte, pudo ejercer en algunas de las partes de su *Leal Conselheiro*, cuya redacción duró hasta la propia muerte del portugués, acaecida en 1438. Don Duarte, heredero de una larga tradición de hombres de letras, no precisaba de ninguna ayuda para comprender la importancia del oficio del escritor, pero su apología de las letras puede tener como punto de partida una situación similar a la descrita para el resto de la Península. ¿Animó don Alonso de Cartagena a don Duarte a escribir una defensa de los libros como las que se estaban redactando en Castilla? De ser así, don Duarte sobrepasó con mucho las apologías de las letras pergeñadas en el reino vecino. De todos modos, la influencia que el converso español pudo ejercer en este y otros puntos de su obra (los títulos aducidos no disgustarían a Cartagena) no es sino una mera y débil suposición basada en la presencia de don Alonso en la corte portuguesa (*vid.* Abdón M. Salazar, «El impacto humanístico de las misiones diplomáticas de Alonso de Cartagena en la corte de Portugal entre medievo y renacimiento (1421-1431)», en Alan D. Deyermond, ed., *Medieval Hispanic Studies presented to Rita Hamilton* (Londres: Tamesis, 1976), pp. 215-226). Recuérdese que la traducción del *De inventione* por Cartagena se hizo también para don Duarte.

15.   Miguel Garci-Gómez se aferra a esta cita para apoyar su idea de que don Íñigo conocía muy bien la obra latina de Cicerón: «Por si nos quedaban algunas dudas sobre la fuente ciceroniana del texto del marqués, acude el autor mismo a disipárnoslas, confesándose deudor de Santillana», *Hispania*, 56 (1973), 207-212 [209]). Para este crítico, este es el argumento final con el que se comprueba que la definición que el Marqués de Santillana hace de la poesía depende del *De oratore* ciceroniano (hubo un ejemplar en latín en la Biblioteca de Osuna, aunque no sabemos si pudo pertenecer a don Íñigo); este dato corroboraría que el noble español era capaz de leer textos latinos clásicos sin ningún problema, algo que no parece cierto (*vid.* Gómez Moreno y Kerkhof, eds., M. de S., *Obras completas, op. cit.*, pp. XX-XXI). Sin embargo, tras las referencias que he brindado en las notas anteriores, parece difícil sostener que las alusiones del Marqués tienen su fuente directa en el tratado retórico ciceroniano. Acepto la posibilidad de que la cita acerca de la necesidad de las ciencias pueda proceder directamente del *De officiis*, texto que había servido a don Íñigo para recordar la conjunción de las armas y las letras en el *Prohemio* a los *Proverbios* (el Marqués poseyó, sin duda, una traducción italiana y, quizás, otra aragonesa y tuvo que conocer necesariamente la versión castellana de Alonso de Cartagena); con todo, desde mi primera lectura del *Prohemio*, me asaltó la sospecha de que esta referencia le

había llegado por vía indirecta, idea a la que Julian Weiss ha dado después una sólida base. Este investigador, en su extraordinaria tesis doctoral «The Poet's Concept of his Art: Castilian Vernacular Verse, c. 1400-60» (Magdalen College, 1984), recuerda que esta frase «was also a stock medieval aphorism (included, for example, in *La floresta de philósophos*, n.º 1060; under heading "De los oficios")» (p. 259).

16.   El Marqués de Santillana no indica abiertamente que la poesía sea una ciencia, aunque Enrique de Villena, en sus glosas a la *Eneida*, ya la había incorporado como una de las ramas principales de las sesenta ciencias (el cuadro propuesto por Villena ha sido recogido por varios investigadores); de un modo más conservador, don Íñigo subordina la poesía y la prosa a una ciencia aceptada como tal desde la Antigüedad: la Retórica o elocuencia. Por otro lado, el Marqués no innova al asociar las formas literarias escritas en verso con los principios de la Retórica (algo que encontramos incluso en el gramático Donato, bien conocido en la Edad Media: «invenies in poeta rhetorem maximum», que sigue la idea expuesta por Cicerón: «poetis est proxima cognatio cum oratoribus»), pues las *artes poetriae* medievales, en lengua latina o vernácula, ponen de manifiesto su ligazón con dicha ciencia, al igual que ocurre con la Gramática (los tratados teóricos provenzales incorporaban una sección completa dedicada a explicar algunos de sus principios básicos). Aunque la asociación de Poesía y Retórica se entiende bien dentro del panorama literario medieval, como acabamos de ver, creo que el Marqués asume sin mayor reflexión algunos de los principios fundamentales de la teoría literaria de los humanistas italianos presentes en su biblioteca; éstos, desde sus primeros momentos, habían cargado las tintas sobre el carácter retórico de la poesía, lo que había llevado a afirmar a Dante en su *De vulgari eloquentia*, II, 4: «nichil aliud est quam fictio rethorica musicaque posita». Elocuencia y música: si no tuviese la absoluta seguridad de que el tratado dantesco fue desconocido para los españoles del siglo XV, quizás habría hurgado para ver qué hay de común entre estas dos *poetarum enarrationes*.

Fuera de esto, lo principal es que la elocuencia, entre los humanistas, pasa a ser la virtud por antonomasia; así, se vuelve a la *virtus* retórica clásica, expresada en la definición del orador brindada por Quintiliano: «vir bonus dicendi peritus» (*Institutio oratoria*, 12, 1, 1). De este modo, quien se sirva de las palabras, orador o poeta, deberá esforzarse para adquirir una sólida formación retórica, sin olvidar en ningún momento que existen diferencias notables entre uno y otro oficio, como recuerda Leonardo Bruni en sus *Introducciones* a Homero, *Iliada*, IX:

Caso que al poeta se dé liçençia de vsar de algunas palabras, commo en dezir *el mar navegable, las tierras frutíferas, la nieue cana, los dientes blancos* e otras palabras semejables, al orador no le es dado aquesta liçençia que a los poetas; por que deleyten en la cosa fingida e por que cunplan los pies e cuentos de sus metros muchas cosas les son otorgadas. Aquesta conjunçión de superfluidad de palabras amenguaría al orador, el qual es actor de la verdad. (ms. San Román, 39 de la Real Academia de la Historia, fol. 102r-v.)

Recordemos que don Íñigo había encargado una traducción al castellano de esta obra a su hijo, Pedro González de Mendoza, con punto de partida en las versiones latinas de Pier Candido Decembrio (libros I-IV y X) y Leonardo Bruni (libro IX). Es seguro, que, desde muy pronto, numerosos lectores peninsulares asimilaron la idea de que oradores y poetas se sirven de un mismo útil: la elocuencia; a este respecto, me parece muy significativa la copia de una nota latina en un códice que guarda, entre otros textos, la versión castellana de Martín de Ávila de la *Comparación de Alejandro, Aníbal y Escipión* de Luciano de Samosata:

Diferencia inter oratorem et poetam: Orator, id est qui persuasor retorice et conponite [*sic*] aures audiencium ad finem sui optatus. Poeta, id est qui figuratiue et eleganter metaforicem laudactor uirtutum et reprehensor uiciorum. (ms. 9513 de la Bib. Nacional, for. 2r-v.)

Esto es Cicerón (*De oratore*, I, XVI), Quintiliano (*Institutio*, I, IV, VIII y X; X, I [en especial, 28-29]) y la retórica clásica en definitiva. Así, no extraña que, a finales de siglo, Juan del Encina se exprese en términos similares en su *Arte de poesía castellana*:

Porque, según dizen los que hablaron del arte, todas las cartas conviene que tengan cierta materia; y algunos afirman la oratoria no tener cierta materia, a los quales convence Quintiliano diziendo que el fin del orador o retórico es dezir cosas aunque algunas vezes no verdaderas, pero verisímiles; y lo último es persuadir y demulcir el oýdo. Y si esto es común a la poesía con la oratoria o retórica, queda lo principal: conviene a saber, yr incluido en números ciertos; para lo qual, el que no discutiere los autores y precetos, es impossible que no le engañe el oýdo, porque, según dotrina de Boecio en el libro *De musica*, muchas vezes nos engañan los sentidos; por tanto, devemos dar mayor crédito a la razón, como quiera que, según nos demuestra Tulio y Quintiliano, números ay que deve seguir el orador, y huyr otros; mas en esto ha de ser más dissimuladamente y no tiene que yr astrito a ellos como el poeta, que no es este su fin. (Edic. de F. López Estrada, *Las poéticas... op. cit.*, p. 83.)

Una vez más, la observación del Marqués de Santillana se inserta en el marco de la Castilla del siglo XV, con ideas medievales que, al mismo tiempo, incorporan resonancias clásicas y humanísticas, muchas de las cuales proceden de la lectura de sus propios libros; por ellos, don Íñigo sabría que la elocuencia es distinta cultivada por un poeta, un orador o cualquier otra profesión que se sirva de la palabra. La diferencia básica la había marcado don Íñigo en las líneas precedentes, y puede reflejarse en un pasaje de una de las obras de su biblioteca de la que encontramos diversos ecos, la *Vida de Dante* de Leonardo Bruni; en ella, el humanista italiano dice que el poeta se distingue de otros autores porque no escribe

«sinon en uersos, et aquesto auiene por exçellençia del estilo, por quanto las sílabas e la mesura dellas es solamente de aquel que dize en metros.» (ms. 10171 de la Bib. Nacional, fol. 44v.)

No querría cerrar esta nota sin traer una importante glosa al texto castellano del tratado de Séneca *De las artes liberales*, en que el gramático aparece como compendio de las virtudes del orador y el poeta (recuérdese que la definición de la Gramática como *recte loquendi scientia* implica también una correcta escritura y que el término griego γραμματική equivale al latino *litteratura*). Me interesa en especial el hecho de que se indique el rango superior de la poesía frente a la prosa, tal como hace don Íñigo:

El gramático. Suelen algunos fazer tres grados en la gramática: el primero es fablar conuinientemente sin errar en las rreglas; el segundo es escriuir de manera de prosa, que aquí llama estoria; el terçero es fazer versos que llaman metros. Ca avnqu'el saber de las estorias nin la enuinçión de las cosas que en los metros e versos se dize non es acto de la gramática, pero la rregla de los metros para ver quántas sílauas deuen auer e qué peso deuen leuar pertenesçe a la gramática, según se contiene en el *Dotrynal de los gramáticos*. E es esto lo más alto a qu'el gramático llega. (ms. 8830 de la Bib. Nacional, fol. 262r.)

Con «dotrynal de los gramáticos», la glosa parece referirse no a un acervo común de conocimientos gramaticales sino a una obra con este título, sin duda el *Doctrinale* de Alexandre de Villedieu (*Pars* III, *cap.* X *et passim*). Como puede comprobarse, se establece el mismo nexo que encontramos en las artes poéticas provenzales, con una sección gramatical y otra dedicada a los distintos tipos de metros y estrofas.

17.   En este período claramente latinizante, el Marqués avanza el grado que esperábamos y pasa de la defensa de la elocuencia en general a la de la poesía en particular, con un procedimiento similar al de Leonardo Bruni en la cita anterior; el humanista italiano, en su estimación de la poesía, coincide con San Isidoro, que brinda modelo continuo a este pasaje del *Prohemio*. El santo hispalense había caracterizado la prosa en oposición al verso; un texto prosaico sería un escrito libre de constricciones métricas: «Prosa est producta oratio, et a lege metri soluta» (*Etimologiarum*, I, 38). La fórmula se encuentra por todas partes en la Europa medieval, con respeto del término *soluta* en las versiones latinas (así Conrado de Mure, autor suizo del siglo XIII, escribe en su *De arte prosandi*: «Prosaicum est oratio a lege metri soluta», en L. Rockinger, *Briefsteller und Formalbücher des eilften bis vierzehnten Jahrhunderts* (Munich, 1863), vol. I, p. 419) y la variante *suelta* en los textos castellanos (como en la versión de la *Invective contra medicum* de Hernando de Talavera: «Oración y fabla o escriptura suelta se llama la que no va por rimas o coplas», ms. 9815 de la Bib. Nacional, fol. 11r), aunque el Marqués respeta la forma latina, en clara manifestación de su capacidad para leer el latín de la Edad Media más temprana.

¿No es el comentario inserto en la frase una pequeña amonestación contra los abusos de la retórica? Quienes se enorgullecían por vencer en las disputas forenses eran los antiguos sofistas, que hacían o intentaban hacer de la causa más débil la más fuerte; de ahí, las tempranas reticencias del Cristianismo respecto de una ciencia que, en numerosas ocasiones, contravenía lo indicado por su moral, como recuerda San Agustín en sus *Confesiones* (III, 3, 6): «Habebant et illa studia, quae honesta vocabantur, ductum suum intuentem fora litigiosa, ut excellerem in eis, hoc laudabilior quo fraudulentior». Quizás haya algún lejano eco de este comentario u otros similares, aunque también es posible que la referencia de don Íñigo sea más vaga y aluda tan sólo a aquellos que podrían oponerse a la evidencia de su aserto: los testarudos.

18.   Como recuerda Weiss (*op. cit.*, p. 263), la alusión a los estoicos procede, una vez más, del *De officiis* ciceroniano: «Audeamus imitari Stoicos, qui studiose exquirunt unde verba sint ducta» (I, vii, 23). La importancia de esta escuela filosófica quedaba de manifiesto para el Marqués desde el momento en que «el maestro e el cabdillo de aquéstos fue Platón», según creencia de Pedro Díaz de Toledo, quien se lo recuerda al Marqués en el prólogo de su traducción del *Fedón* (la cita pocede de M. Schiff, *La bibliotè-*

que..., *op. cit.*, p. 12). Por fin, don Íñigo manifiesta abiertamente la supremacía del verso sobre la prosa por su antigüedad (y comienza así el uso continuo de San Isidoro: «Praeterea tam apud Graecos quan apud Latinos longe antiquiorum curam fuisse carminum quam prosae» (I, 38)), por el peso de sus cultivadores y por su «mayor perfecçión», punto este que ha desarrollado previamente y que deja de lado. Como podemos comprobar, los argumentos iniciales en defensa de la poesía coinciden en buena medida con los manejados por don Duarte en su *Leal Conselheiro* en pro de la lectura y composición de obras literarias (vid. n. 14).

19.   En un futuro inmediato, Poliziano afirmará que la poesía nació con el hombre; sin embargo, el Marqués de Santillana toma la Biblia como punto de partida, igual que su fuente declarada, las *Etimologías* de San Isidoro (I, 39):

> Hoc primum Moises in cantico Deuteronomii, longe ante Pherecidem et Homerum cecinisse probatur. Unde et apparet antiquius fuisse apud Hebraeos studium carminum quam apud getiles. Siquidem et Job, Moysi temporibus adaequatus, hexametro versu, dactylo spondeoque decurrit.

Quizás el Marqués recordaba también una de sus lecturas preferidas, el *De vita et moribus philosophorum* de Walter Burley, en que se recoge también el texto de las *Etimologías*:

> Esidro, en el libro primero de las *Etimologías*, deste Foréscide asý dize: asý cerca de los griegos como cerca de los latinos, más antiguo cuidado fue dado a los versos que a la prosa, en tal manera que todas las cosas primeramente en versos se escrivían y el estudio de la prosa tarde se esforçó. El primero acerca de los griegos, Sirio Forescides fue el que en suelta oración escrivió. (Knust, *op. cit.*, pp. 57-59).

Pero la *amplificatio* del pasaje parece contraer una nueva deuda con otras lecturas de don Íñigo, el prólogo romanceado de San Jerónimo a su traducción de los *Chronici canones* o *Crónica universal* de Eusebio de Cesarea, que del latín había traducido al castellano Alonso de Madrigal el Tostado:

> Et a la final, ¿quál es cosa más sonante que el *Psalterio* [..], quál cosa será de más grauedad o peso de sententias que los libros de *Salomón* y quál cosa más complida que *Job*? (ms. 10811 de la Bib. Nacional, fol. 1v.)

Por tanto, parece que sólo Josué es un añadido de nuevo cuño, si aceptamos el influjo de la obra anterior; ésta podría tener un nuevo reflejo en el comentario de don Íñigo sobre la pérdida de belleza que se produjo al verter la Biblia del hebreo al griego o al latín:

> E avn de la dureza o dificultad de esta cosa las scripturas de los Diuinales Libros dan testimonio, las quales de los setenta intérpretes de ebraico trasladadas non guardan esse mismo sabor en la griega palabra. (*ibid.*)

Si es que lo recordaba, don Íñigo no utilizó uno de los argumentos insertos por Benvenuto Rambaldi da Imola en su Comentario al *Infierno* en la *Divina Commedia* de Dante (que había tomado de la *De vita Dantis* de Boccaccio, en la línea de la carta X, 4 de las *Familiares* de Petrarca, en que ya se habían unido e identificado Poesía y Teología: «la teología niuna altra cosa é che una poesia di Dio» [ed. P.G. Ricci, *op. cit.*, p. 621]), aquel en que relaciona estrechamente Poesía y Teología y se refuerza la antigüedad del oficio poético:

> Aqueste poeta muy más cristiano Dante estudió la poetría a la theología reuocar, la qual theología puede ser dicha vna poetría de Dios, porque, segund dize el Philósopho, los poetas fueron los primeros teologizantes de Dios. (ms. 10208 de la Bib. Nacional, fol. 4r.)

Los poetas aparecen a menudo como «primos theologiçantes» en los comentaristas de Dante, como recuerdan Andrea Battistini y Ezio Raimondi en la *Letteratura italiana* de Alberto Asor (Turín: Giulio Einaudi, 1984), vol. III, pars. I, p. 44. Es una idea de la *Metaphisica* aristotélica recogida por la *Vita Dantis* de Boccaccio, entre otros (Ed. P.G. Ricci, *op. cit.*, p. 621). Quizás debemos ver una clara señal del peso ejercido por Bruni y otros humanistas del siglo XV en el hecho de que don Íñigo, que ha asociado Poesía y Retórica, no establezca una relación abierta entre Poesía y Teología, más propiamente medieval pero de la que también se sirven los humanistas, como ocurré con Benvenuto da Imola.

El argumento de la antigüedad de la poesía por su uso en la Biblia es grato al hombre medieval, pero también al renacentista, desde que lo usara Josefo en *Contra Apión* y lo recogiera San Jerónimo (*vid.* María Rosa Lida de Malkiel, «La métrica de la Biblia», *Estudios hispánicos: Homenaje a Archer M. Huntington* (Wellesley: Wellesley College, 1952), pp. 335-359). La otra autoridad citada por el Marqués más adelante, Casiodoro, constituye un nuevo punto de engarce entre el mundo antiguo y la Edad Media; para este filósofo, las *figurae* de la literatura se formaron a partir de las de la Biblia, donde se encuentran las primeras formas poéticas, como recuerda en la *Expositio in Psalterium* y no en *De variis causis* o *Variarum* (*vid.* Migne, *Patrologia latina*, vol. 69, en su cap. XV). Recuérdese también el prólogo a *De institutione divinarum litterarum*: «Constat enim quasi in origine spiritales sapientiae rerum istarum iudicia fuisse seminata, quae postea doctores saecularum litterarum ad suas regulas prudentissime transtulerunt» (Migne, *PL*, vol. 70, col. 1108). Con razón, Weiss indica: «the mistaken attribution to *De variis causis* indicate no more than a second −or thirdhand− knowledge of the text» (*op. cit.*, p. 269).

Si revisamos algunos de los aspectos más destacados del tránsito de esta idea por la Europa medieval, comprobamos su uso, con un claro propósito, por parte de teólogos o historiadores; por ello, al aproximarse a la *General Estoria*, Francisco Rico señala:

> En efecto, incidiendo en un camino ya frecuentado por los primeros apologistas, Eusebio y Jerónimo aspiran a demostrar que la cultura judía es más antigua que cualquier otra y que, por lo mismo, la ejecutoria de nobleza del cristianismo es también harto más ilustre. (*Alfonso X y la «General estoria»* (Barcelona: Ariel, 1984), pp. 21-22.)

Por ello, Alonso de Cartagena contesta a Juan de Mena en el *Diálogo de vita beata* de Juan de Lucena (converso como aquél): «No pienses correrme por llamar los ebreos mis padres. Sonlo por cierto, y quiérolo; ca si antigüedat es nobleza, ¿quién tan lexos? Si virtud, ¿quién tan cerca?» (en Antonio Paz y Melia, *Opúsculos literarios de los siglos XIV a XVI* (Madrid: Sociedad Española de Bibliófilos, 1892), p. 147). Léanse también los comentarios al respecto de Stephen Gilman, *La España de Fernando de Rojas* (Madrid: Taurus, 1978), pp. 152 y 239. De modo menos tendencioso, pero más universal, Alfonso de Toledo dice en su *Invencionario* que «de las letras ebraycas ouieron causa de inuención las griegas e latinas» (ms. 9219 de la Bib. Nacional, fol. 12r). Un último ejemplo del influjo que la idea de San Jerónimo tuvo sobre los miembros del círculo cultural del Marqués de Santillana lo constituye el prólogo de Pedro Díaz de Toledo a su traducción del *Fedón* platónico, dedicada a don Íñigo:

> Verdad es que la magestad de la fabla que el dicho Plato tovo en el griego non pienso que se pudo guardar por Leonardo en la dicha traducción que fizo, segund que Sant Gerónimo dize en un prólogo de la Bliblia [*sic*], escussándose que él non podría traduzir la Sacra Escrip-

tura de ebrayco en latín con aquella magestad de eloquençia e dulçor de fablar que en el propio lenguaie la Sacra Escriptura tenía. E por consiguiente menos podré yo guardar en aquesta mi indocta rude [*sic*] tradución la elegante e curiosa manera de fablar en la qual Leonardo el dicho libro traduxo en la lengua latina, asý por la magestad del fablar de Platón e de las ylustres sentençias suyas commo porque non sé sy muchas de sus razones se pueden bien aplicar al nuestro uulgar castellano. (en esta ocasión, la cita no procede de la transcripción de Schiff sino del propio ms. vitrina 17-4 de la Bib. Nacional, fol. 3r.)

Posteriormente, el argumento de la antigüedad de la poesía fue usado, entre otros, por Juan del Encina en su *Arte de poesía castellana:*

«... muchos libros del Testamento viejo, según da testimonio San Gerónimo, fueron escritos en metro en aquella lengua hebrayca, la qual, según nuestros dotores, fue más antigua que la de los griegos, porque no se hallará escritura tan antigua que los cinco libros de Moysén». (Edic. de F. López Estrada, *Las poéticas..., op. cit.,* p. 79.)

Y por Fray Luis de León en el prólogo de sus poesías a Portocarrero:

No porque la poesía, mayormente si se emplea en argumentos bíblicos, no sea digna de cualquier persona y de cualquier nombre −de lo cual es argumento que convence haber usado Dios de ella en muchas partes de sus Sagrados Libros, como es notorio sino porque...» (Edic. de Félix García (Madrid: B.A.C., 1962), vol. II, p. 739.)

¿Es otra mera coincidencia el hecho de que Petrarca use en sus *Invective* el criterio de antigüedad para defender la poesía? Los teólogos paganos y cristianos eran poetas (*Obras, op. cit.,* p. 392).

20.   Continúa la dependencia del texto de las *Etimologías* (I, 39):

Hoc apud Graecos Achatesius Milesius fertur primus conposuisse, vel, ut alii putant, Pherecydes Syrus, quod metrum ante Homerum Pythium dictum est...

Por lo que se refiere a la célebre cita de Dante en su *Divina Commedia* (*Infierno,* IV, 88-90):

Quelli è Omero, poeta sovrano,
l'altro é Orazio satiro che vène,
Ovidio è il terzo, e l'ultimo Lucano.

La cita siguiente pertenece al *Purgatorio*, VII, 16-18, que, en su forma *vulgata*, se lee de este modo:

«O gloria de' Latin» –disse– «per cui
mostrò ciò che poeta la lingua nostra
o preggio etterno del loco ond'io fui.

No cabe duda de que don Íñigo conocía un manuscrito con algunas variantes distintas de la versión anterior, aunque éste no era tampoco el que se conserva en la Biblioteca de Osuna (es el ms. 10186 de la Bib. Nacional, que ya he citado en varias ocasiones, cuyo texto italiano dice en el último verso: «o prexio e lume del luocho ov'io fui»; así, se comprueban las lecciones en que don Íñigo se aproxima a la forma *vulgata*, citada arriba, y aquellas en que, tras discrepar de la misma, coincide con el códice madrileño).

21.   La cita de Casiodoro se ha revisado ya en la nota 19, al estudiar el conjunto de la asociación entre poesía y Dios o poesía y Biblia para inferir la antigüedad de aquélla. Tras el uso de la principal *auctoritas*, Dios, el Marqués de Santillana defiende la universalidad de la poesía por su presencia entre gentes de toda condición (porque es necesaria, como había señalado también Petrarca en sus *Invective*; «¿Adónde, adónde va después a parar nuestro filósofo? Prueba con silogismo terrible que la poetría non es necesaria», en la ed. de P. Cátedra, en *Obras, op. cit.*, p. 383) y en situaciones diversas. No debemos olvidar que algunas de las afirmaciones de don Íñigo son lugares comunes o, mejor, elementos poligenéticos que podemos rastrear en diversos momentos históricos y en una dispersa geografía; así, la presencia de los poemas de la cuna a la sepultura, en el placer y en el dolor, la encontramos, por lo menos, hasta Rubén Darío y su composición «El poeta»:

En medio del eterno concierto de los mundos
se escucha del poeta su cálido laúd,
que canta en dulces trovas placeres y venturas
y en tristes elegías y en fúnebres endechas
dedica sus canciones también al ataúd.

Los distintos estamentos o grupos sociales aparecen recogidos, pues don Íñigo alude a pastores y emperadores, las categorías extremas según recuerda Enrique de Villena en una de sus glosas a la *Eneida*: «los pastores tienen el más baxo grado de los ofiçios e menesteres» (ms. 17975 de la Bib. Nacional, fol. 60v). Esta afirmación sigue el orden social propuesto en la *Rota Virgilii*, tan célebre en la preceptiva literaria medieval (*vid.* Edmond Faral, *Les Arts poétiques du XIIe et du XIIIe siècle* (París: H. Champion, 1962), p. 82); si volvemos la vista a las poéticas en lengua vernácula, en concreto a las escritas en la zona catalano-provenzal, encontramos a menudo la alusión a los pastores para demostrar la universalidad de la poesía, así Ramon de Cornet en su *Doctrinal de trobar*:

> Pels camps aug los pastors,
> Boyers e lauradors,
> Montar chant e dishendre;
> Ez aug els obradors
> Las gens en lors labors
> Mot am dictatz contendre.
> (J.B. Noulet y Camille Chabaneau, *Deux manuscrits provençaux du XIVe siècle* (París: Société pour l'étude des langues romanes, 1888), p. 212.)

O Raimon Vidal de Besalú en su *Razos de trobar*:

> ... que greu seres en loc negun, tan privat ni tant sol, pos gens i a paucas o moutas, que ades non auias cantar un o autre o tot ensems que neis li pastor de la montagna lo maior sollatz qe ill aiant de chantar.
> (J.H. Marshall, *The «Razos de Trobar» of Raimon Vidal and associated texts* (Londres: University Press, 1972), p.

A pesar de la estancia de don Íñigo en la corte de Aragón cuando era un joven adolescente, es difícil aceptar que exista un lejano influjo de la poética de dicha zona en el *Prohemio*; sin duda, se trata de una mera coincidencia en un motivo extraordinariamente común, cuya fuente directa puede ser, de nuevo, San Isidoro (*Etimologías*, I, 39):

> Bucolicum, id est, pastorale carmen plerique Syracusis primum compositum a pastoribus opinantur, nonnulli Lacedaemone.

El género bucólico también se describe en una de las glosas a la *Eneida* de Villena (fol. 5r). Con todo, hay una notable diferencia entre las *Etimologías* y el *Prohemio*, pues en aquéllas la alusión forma parte de una serie de formas poéticas que se enumeran, sin que sirva para defender la universalidad de la poesía, a diferencia de nuestro opúsculo y otros textos. El Marqués hace libre uso de la obra de San Isidoro; por ello, no deben sorprendernos los cambios respecto del texto de las *Etimologías* en otros dos casos, las *epithalamias* de don Íñigo:

> Epithalamia sunt carmina nubentium, quae decantatur a scholasticis in honorem sponsi et sponsae. Haec primum Salomon edidit in laudem Ecclesiae et Christi.

Y sus *metros elegíacos*, en que prescinde de la definición de *elegiacum* y se acoge a la de *threni*, que, en la versión romanceada de San Isidoro, aparecen del modo siguiente:

> *Trenos*, que en latín llamamos *lamentum*, que quiere dezir 'querella de dolor o de duelo' o 'llanto'. Iheremías primeramente compuso los verssos d'esta manera sobre la çibdat Iherusalem quando fue sometida a los pueblos, esto es, quando la destroyeron sus enemigos e leváronlos cativos.
>
> (*vid.* Joaquín González Cuenca, *Las Etimologías de San Isidoro romanceadas* (Salamanca-León: Universidad de Salamanca-CSIC, 1983), vol. I, p. 163; en esta última cita de las *Etimologías*, cito por la versión castellana para recordar su existencia e indicar que don Íñigo tuvo sin duda una copia latina y no una romanceada, por dos claros motivos: el latín isidoriano no implicaba mayor dificultad y, además, la versión castellana, por lo que se puede deducir, tuvo escasa fortuna.)

Con la alusión a las *endechas*, el Marqués actualiza su referencia y, de algún modo, glosa o explica un término a todas luces poco común (esta es una de las primeras documentaciones), pues sólo Juan de Mena lo había incluido entre los géneros literarios existentes en el mundo antiguo en su *Laberinto de Fortuna:*

> trágicos, líricos, *elegïanos*,
> cómicos, satíricos, con eroístas
> (Edic. Louise Vasvari (Madrid: Alhambra, 1975), p. 143; Mena emplea el término *elegíaco* en el verso 105h.)

En las palabras finales de esta sección podemos descubrir una nueva resonancia del Comentario al *Infierno* de Dante llevado a cabo por Benvenuto Rambaldi da Imola, quien encumbra el oficio poético a través de un procedimiento similar, aunque su lista de *auctoritates* es mucho más amplia, pues a los caudillos de Roma añade los Padres de la Iglesia y diversos filósofos paganos:

Aquésta los muy más ilustrados prínçipes estudiosamente amaron o quisieron, assí commo Jullio Çésar, Çésar Augusto, Tito, Vespasiano, Adriano, Sçipión Africano. Aquésta los muy más sabios dotores amaron: Agustino, Gerónimo, Ambrosio. Aquésta los muy claros philósophos amaron, assí commo Plato, Aristóteles e Salón, dador de las leyes. (ms. 10208 de la Bib. Nacional, fol. 4r.)

Si don Íñigo parece recordar este pasaje del comentario a Dante, es indudable también que su fuente principal es otra obra diferente, como recuerda Julian Weiss:

This information derives ultimately from Suetoniu's *Lives of the Caesars*, which Santillana possessed in an Italian translation (see Schiff, *La Bibliothèque*, pp. 150-51). But for obvious reasons, his account of these Emperors' poetic talents and tastes greatly simplifies the range of opinions contained in the original. (*op. cit.*, p. 275.)

Por fin, para comprobar hasta qué punto resultan comunes los argumentos empleados por el Marqués en toda esta sección del *Prohemio e carta*, léase uno de los pasajes de *La Celestina* en que Pármeno describe a la vieja; según el criado de Calisto, Celestina, al igual que sucede con la poesía en nuestro caso, está en todas partes:

En los convites, en las fiestas, en las bodas, en las cofradías, en los mortuorios, en todos los ayuntamientos de gentes, con ella pasan tiempo. (Edic. de Dorothy S. Severin (Madrid: Cátedra, 1987), p. 108.)

22. El mecenazgo de Roberto d'Anguiò (1278-1343) con Petrarca fue recogido por el mismo poeta en su *Rerum memorandum libri*, como indica el propio Marqués; sin embargo, como recuerda Julian Weiss (*op. cit.*, p. 277), se trata de una anécdota que alcanzó una gran difusión por estar presente en los libs. XIV-XV de la *Genealogia deorum* de Boccaccio −que, según he intentado demostrar, don Íñigo conoció con toda probabilidad−, de donde la tomó otra posible fuente, el *Mar de historias* de Fernán Pérez de Guzmán, que es una adaptación del *Mare historiarum* de Giovanni della Colonna (creo que no es esta la obra de la que parte la cita del *Prohemio*, pues en ella se matizan los conocimientos poéticos del Rey: «la poesýa non aprendió sinon sumariamente, de lo qual él en la vejez mucho se dolía» (ms. 7575 de la Bib. Nacional, fol. 122r). Pero, a mi modo de ver las cosas, el Marqués de

Santillana recuerda también las atenciones que Augusto tuvo con Virgilio, según recuerda Enrique de Villena en una de sus primeras glosas a la *Eneida*:

> *Faziendol merçed etc.* Aquí demuestra que los emperadores antiguos ansí commo éste fizo non solamente loavan los sabidores mas fazíenles merçed, sosteniéndolos onrradamente. Por eso ha Virgilio non solamente loar le quiso lo que bien ordenara, mas diole biuienda onrrada en su imperial casa, e avn segund oppinión de algunos le dio las rrentas de la çibdat de Nápol por que non touiese cuydado de las nesçesidades cotydianas nin fuese ocupado en otra cosa synon en las sçientíficas obras. En esto mostró gran discreçión el emperador, dando sus dones a tan sçiente persona que, con su lengua e dezires, le podría fazer tanto seruiçio. (ms. 17975 de la Bib. Nacional, fol. 9r.)

Por lo que respecta a los versos citados por don Íñigo, no corresponden al soneto dedicado a la muerte del Rey sino a la defunción del Cardenal Colonna, muerto el 3 de julio de 1348, y a la de Laura, acaecida ese mismo año el día 6 de abril; el texto del primer verso ha sido citado con bastante cuidado (tal vez, con el soneto 229, rima CCLXIX, de los *Sonetti e Canzoni in morte di madonna Laura*, que pudieron pertenecerle (*vid.* Schiff, *op. cit.*, p. 321), ante sus ojos): «Rotta è l'alta colonna e'l verde lauro».

23.   Hugo, y no Juan, IV de Lusignano, Rey de Chipre y Jerusalem, muerto en 1359, es el personaje a que alude don Íñigo. La cita, como nuestro poeta indica, procede una vez más de la *Genealogia deorum*, cuyo proemio dedica al monarca, pues le había encargado la composición de la obra a través de Domnino de Parma; como Boccaccio nos recuerda, este caballero le había señalado que Hugo IV dedicaba gran parte de su tiempo al estudio (*sagrados estudios*, en concreto), afirmación que don Íñigo restringe a la poesía en esta ocasión. Como se puede comprobar, el Marqués nos ha presentado tan pronto como le ha sido posible a los tres grandes autores italianos, sin olvidar tampoco el debido orden cronológico; a ellos volverá inmediatamente en la sección que sigue. No podemos tener dudas sobre los gustos literarios del noble español.

24.   Como vemos, don Íñigo deja de lado un problema que difícilmente podría exponer: la transición de la poesía latina a las distintas formas poéticas en lengua vernácula. Por ello, aborda seguidamente la teoría de los tres estilos, con un planteamiento que difiere tanto del modelo clásico como del medieval y su *Rota Virgilii*. Los tres niveles del discurso clásico

pueden darse en una misma obra y puede usarlos un mismo personaje de acuerdo con el tono del asunto tratado, tal como lo expone la *Rhetorica ad Herennium*, IV, 8:

> Sunt igitur tria genera, quae genera nos figuras appellamus, in quibus omnis oratio non vitiosa consumitur: unam gravem, alteram medio- crem, tertiam extenuatam vocamus. Gravis est quae constat ex verbo- rum gravium levi et ornata constructione. Mediocris est quae constat ex humiliore neque tamen ex infima et pervulgatissima verborum dignita- te. Adtenuata est quae demissa est usque ad usitatissimam puri consue- tudinem sermonis.

Esta teoría aparece en los ciceronianos *Orator ad Brutum* y en el *Orator* o *De optimo genere dicendi*, en el primero de los cuales indica la necesidad que el orador tiene de conocer los tres registros:

> Is erit igitur eloquens, ut idem illud iteremus, qui poterit parua sumis- se, modica temperate, magna grauiter dicere. (*Ad Brutum*. XXIX, 101.)

La divulgación de la teoría de los tres estilos debió de ser notablemente rápida entre los romanos educados, como lo ponen de manifiesto las *Atticae noctes* de Aulo Gelio (VII, 14); tras Cicerón, Quintiliano la recoge en su *Institutio oratoria* y, al final del mundo antiguo y comienzo del medieval, San Agustín la inserta en *De doctrina Christiana* (cap. XVII) y San Isidoro en sus *Etimologías* (XVII, 1-3). Don Íñigo pudo conocer los tres estilos de la retórica clásica a través de San Isidoro, San Agustín o, tal vez, a través del romancea- miento de la *Rhetorica ad Herennium* llevado a cabo por don Enrique de Villena. También la introducción de Leonardo Bruni al libro IX de la *Ilíada*, que tradujo su hijo Pedro González de Mendoza, recoge dicha teoría:

> como sean tres maneras de hablar: una estable e reposada, otra grande e espierta; la terçera tiene medio entre aquéstas, que ya llamamos pequeña, ya medyana, ya tenprada. Aquestas tres maneras de fablar muestra bien Omero aver entendido prudentemente e aver guardado con toda diligençia. Muestra aquesto en las tres oraçiones que en vn concurso fueron fechas a Archiles, en las quales aquella sotil manera de fablar se atribuye a Vlixes, las grande e espierta se atribuye a Archiles, la mediocre se da a Feniçe. (ms. San Román 39 de la Real Academia de la Historia, fol. 102r.)

La lectura que Bruni hace de la teoría de los estilos tiene algunas peculiaridades que apuntan, más bien, hacia los distintos modos de hablar de cada individuo. Se trata de una forma que se aproxima algo a la medieval *Rota Virgilii*, en la que la teoría de los estilos se interpretó de manera diferente: «c'est la qualité des personnes, et non plus celle de l'elocution qui fournit le principe de la classification» (la *Rota* aparece en los *Scholia vindobonensis ad Horatii Artem Poeticam* y en autores como Geoffroi de Vinsauf o Jean de Garlande, como ha demostrado Edmond Faral en su edición, *Les arts poétiques..., op. cit.*, cita en p. 88).

La exposición del Marqués de Santillana no coincide con las anteriores. Su peculiar visión de la teoría de los estilos se basa en dos elementos diferenciadores que podemos expresar del modo siguiente:

ALTO	MEDIO	BAJO
latín/griego	vulgar	vulgar
metrificado	metrificado	no metrificado
(VALIDOS)		(NO VALIDO)

Las oposiciones marcadas lo son así entre el estilo alto y el medio el idioma empleado, y entre el medio y el bajo el cuidado por la forma del primero frente a la ausencia de reglas métricas en el segundo.

Estas tres modalidades de composición no guardan relación alguna con el momento o circunstancias de creación o con el talante de los posibles personajes que aparezcan en la obra; son tres ámbitos separados por una clara cesura que aisla el estilo *ínfimo* de los otros dos, una división tan tajante como la que separa socialmente a sus y creadores y públicos respectivos. Frente al estilo más bajo, el *mediocre* es el que engloba sus propias composiciones y las de la mayoría de los autores citados por don Íñigo; así, al acabar de ejemplificar cada uno de los tres estilos, enlaza a «Guido Janunçello Boloñés e Arnaldo Daniel Proençal», ejemplo de estilo medio, con los demás autores de que va a hablar: «Después de Guido e Arnaldo Daniel, Dante escriuió en terçio rimo».

La separación entre el estilo medio y el bajo es definitiva: hay un rechazo insalvable hacia las obras del segundo grupo por carecer de reglas. Al contrario, la separación entre el estilo alto y el medio es de tipo lingüístico, pero no existe una condena o rechazo de éstas frente a aquéllas. ¿Debemos entender que sólo las obras clásicas están escritas en estilo sublime? En todo caso, así parece indicarlo el uso del tiempo pasado (*escriuieron*) en dicha alusión; pero no ocurre así, pues el Marqués usa también el pretérito indefinido al referirse al estilo *mediocre*. Rechazada esta hipótesis, debemos aceptar que el estilo *sublime* aglutina a todos cuantos se han servido y sirven de las lenguas clásicas, en quienes se da por descontado un excelente dominio de las artes poéticas.

Es fácil justificar los cambios que el Marqués de Santillana lleva a cabo en el patrón clásico de la teoría de los estilos. El hecho de que el latín y el griego sean lenguas dignas de una alta estima no requiere ninguna aclaración: la segunda era de dominio exclusivo para un puñado de humanistas que, poco a poco, volverían a recuperar el griego para la cultura europea; el latín era la lengua fundamental de la ciencia, frente a las lenguas vernáculas, cuyo uso implicaba generalmente un carácter divulgativo en las obras que se servían de las mismas (habría que releer a menudo el opúsculo del malogrado Keith Whinnom, *Spanish Literary Historiography: Three foms of distortion* (Exeter: University of Exeter, 1967), pp. 19-23). La asociación del latín con el estilo más elevado arrancaría de tal motivo, sin olvidar que el latín, como el griego, era una lengua prohibida para muchos —entre ellos el propio Marqués—, lo que sería causa de que despertase una mayor atracción. El latín aparece unido al estilo elevado una y otra vez en autores de muy distinta cultura; véase, por ejemplo, el prólogo de la *Gaya Ciencia* de Pedro Guillén de Segovia:

> avnque desta çiençia gaya aya auido muchos y prudentes actores, paresçe que todos aquellos que della fablaron *la pusieron en el latýn y en estilo tanto eleuado* que pocos de los lectores pueden sacar verdaderas sentençias de sus dychos. (Pero Guillén de Segovia, *La Gaya Ciencia*, ed. de O. J. Tuulio y J.M. Casas Homs (Madrid: CSIC, 1962), vol. I, p. 43.)

De gran importancia es un pasaje de las *Generaciones y semblanzas* de Fernán Pérez de Guzmán, un fragmento de la carta a Fray Gonzalo de Ocaña en que reconoce su escaso dominio del latín:

> Es así que yo leí algunas veces aquel libro que compuso el sanctísimo papa e glorioso dotor sant Gregorio, que es dicho *Diálogos*, el cual como es en latín e yo, por alguna escuridad de vocablos y alteza de estilo que en él es, no le podía así claramente entender para que dél cogiese el fruto que deseo [...]. (Ed. de J. Domínguez Bordona (Madrid, 1924), p. 215.)

La lengua vulgar se presenta también despojada de artificios retóricos, más propios del latín, en un pasaje del *Oracional* de Alonso de Cartagena:

118

E esto es lo que la flaqueza del ingenio luego representa e lo que la lengua vulgar, que llamamos materna, sin mixtura de eloqüentes palabras puede expremir, porque en logar de sçiença sirua lo llano con buena e sancta intención explicado, e en lugar de eloqüençia venga a seruir la cotidiana e común manera de fablar, e sea benignamente acçeptada. Por ende, noble e discreto varón [*Fernán Pérez de Guzmán*], si en algunas otras questiones uòs respondí en lengua latina flaca e rústicamente compuesta, aún agora más llano quiero ser respondiendouos en nuestro romançe en que fablan así caualleros como onbres de pie e assí los sçientíficos como los que poco o nada sabemos; ca pie a tierra en esta reqüesta, con espada e manto uos entiendo seruir, mayormente que, pues a todos cumple saber lo que uos preguntades, conuenible paresçe que se responda en lengua que se entienda por todos. (ms. 25-10-9 de la Bib. de Bartolomé March, fol. 2r-v.)

El Obispo de Burgos, con gran habilidad, hace un elogio de ambas lenguas: del latín, destaca la elocuencia que le es aneja; del castellano, el hecho de ser el idioma que todos hablan y escriben, como pondrán de manifiesto numerosos autores de la segunda mitad del siglo XV y será común afirmar en el siglo XVI (*vid.* Domingo Ynduráin, «La invención de una lengua clásica (Literatura vulgar y Renacimiento en España)», *Edad de Oro*, I (Madrid: Universidad Autónoma, 1982), pp. 13-34. Muy interesante es la glosa siguiente al *Diálogo de vita beata* de Juan de Lucena: «antes quel Çésar sometiese al imperio romano las Ispanias, era nuestra lengua bárbara muy cerrada, tal que fasta oy no leý quál fuese; y los pueblos, commo quier que feroçes eran, pero rudos de ingenio y quasi brutos, tanto que Sertorio Quinto, tuerto de un ojo, rebellado contra los romanos, con vna çierua blanca engañó los pueblos de Ispania dándoles a entender ser Diana. Es en las montañas de Albana çierta generaçión de çieruos armellinos. Tan engañados los traxo que con ellos superó a Pompeo y vençiólo; por la qual cosa, después que Çésar los domitó, por que de aý adelante no fuesen por engaño seductos y avn por que no tornasen a rebellar y para siempre fuesen firmes en la fe de los romanos, acordó transportar muchas gentes ispanas en Roma y muchas romanas en Ispania, y en esta guisa ambas lenguas se bastardaron. Era antes la lengua romana perfecta latina, y dende llamamos oy nuestro común fablar romançe, porque vino de Roma. Ninguna naçión, avnque mas vezina le sea, tan apropria su lenguaje de aquélla ni tan çercana es de la lengua latina quanto esta». Glosa a Juan de Lucena, Ms. 6728 Bib. Nacional, Madrid, fol. 2v). De nuevo, la unión de lengua latina y elocuencia, en oposición a la lengua vernácula, está presente en numerosas traducciones cuatrocentistas, como el

Espejo de la Cruz, de Domenico Cavalca, traducido al castellano por Alonso de Palencia, quien señala en el prólogo:

> por ende, ruego a qualquier letrado que, fallando en este libro alguna auctoridad puesta fuera de orden o algun otro defeto que se pueda sofrir sin peligro, como quier que él sopisse dezirlo meior que yo, me aya por escusado, pues que escriuiendo en vulgar e para onbres non enseñados no me pareçe neçesario atender mucho a componer e a ordenar mis palabras donde serán sacadas las sentençias infrascriptas, quanto quier que sienpre ponga el nonbre del santo que alegare; de manera que, siendo buena la médula e las sentençias verdaderas, terné poco cuydado de la corteza de fuera e del fablar pintado e ordenado. (Ejemp. I-1343 de la Bib. Nacional, fol. a.ii v, del incunable impreso por Antón Martínez en Sevilla el 20 de febrero de 1485.)

Este panorama se aclara aún más si tenemos en cuenta que el castellano se siente apocado ante el latín al confrontar ambas lenguas, hecho que sucede una y otra vez al traducir, como recuerda Alonso del Madrigal en su traducción de la *Crónica Universal* o *Chronici canones* de Eusebio; su labor ha tropezado con serios obstáculos por motivos diversos:

> Et la primera causa de la mayor dificultad es porque la lengua griega et latina son abastadas de palabras significantes para exprimir et declarar los conçibimientos, et esto más en los nonbres principales que llaman primitiuos commo en los que vienen por formatión o deriuatión; lo qual non reçibe lengua alguna vulgar por non seer los vocablos subjectos a alguna arte, commo en el latín et griego son subjectos a las reglas de la arte gramatical. La segunda causa es ca avnque en el vulgar et en el latín o griego sea egual muchedunbre de nonbres, muchas más cosas en conçibimiento se puede significar por la lengua latina o griega que por la vulgar; et la razón es porque las dos lenguas dichas están en çierta arte de fabla con muchas figuras et modos, por los quales se multiplica la significación ansí en la oración commo en la dictión sinple o sola, lo qual en la vulgar lengua non se faze o es muy menos; et esto todo a los cognoscientes la conditión de la lengua latina es manifiesto. Por lo qual, toda translatión de latín en vulgar, para se fazer pura et perfectamente, es difícile si se faze por manera de interpretación, que es palabra por palabra, et non por manera de glosa, la qual es absuelta et libre de muchas grauedades; et en la presente translatión es mucho mayor dificultad, las quales se fallan en cada vna de las partes de esta obra et non fue necessario nin complidero al presente de las

declarar. (ms. 10311 de la Bib. Nacional, fol. 1r. *Vid.* ahora Peter Russell, *Traducciones y traductores en la Península Ibérica (1400-1550)*, Barcelona: Universidad Autónoma (Escuela Universitaria de Traductores e Intérpretes), 1985.)

Es común encontrar, una y otra vez, el sentimiento de inferioridad que, frente al latín, experimentan quienes se servían de la lengua vernácula; una de las razones principales podría ser que el latín de los textos científicos y filosóficos se acompañaba de un lenguaje oscuro, prohibido para los no iniciados (*vid.* Francisco Rico en su introducción al librito preparado junto a Amadeu J. Soberanas, *Nebrija a Catalunya* (Barcelona: Biblioteca de Catalunya, 1981), pp. 11-12). Pero, en general, se asociaba el latín con una esmerada retórica, como podemos comprobar en una enciclopedia de notable difusión, el *Invencionario* de Alfonso de Toledo, que alude al «ponposo rretórico stillo» cuando se refiere al latín, frente al «plano estilo» con que identifica el castellano (ms. 9219 de la Bib. Nacional, fols. 8v-9r). La situación es similar en otros países, como Francia, donde también se recuerda a menudo la pobreza de la lengua vulgar frente al latín, así en el caso de la traducción del *De amicitia* de Cicerón por Laurent de Premierfait a comienzos del siglo XV:

> Aucuns, qui cest livre verront mis en langage de France, diront, comme je pense, que la majesté et la gravité des paroles et sentences sont moult humiliees et amendries par mon langaige vulgar qui, par nécessité de mots, est petit et legier... Pour ce que en langaige vulgar ne peut estre plainement gardee art rhetorique, je usarey de paroles et de sentences tantost et promptement entendibles et cleres aux liseurs et escouteurs de ce livre sans riens laissier qui soit de son essence. (Cito por Jean Charles Payen, *Littérature Française I. Le Moyen Âge* (París: Arthaud, 1984), pp. 191-92.)

Creo que, a pesar de su desmesurada extensión, se comprenderá la necesidad de que haya revisado con cuidado este importante aspecto de la teoría literaria medieval que adquiere rango de norma poética en el *Prohemio e carta.*

25. *Guido Janunçello*: Guido Guinecelli de Bolonia (1230-1276). *Arnaldo Daniel*: Arnaut Daniel de Ribérac (su obra se escribió entre 1180 y 1200). Es comprensible que don Íñigo se equivoque al afirmar que ambos escribieron *terçio rimo* (es la *terza rima*, usada por Cecco d'Ascoli y presente en la *Divina Commedia*) y sonetos, pues, como reconoce, no ha visto la obra de

estos poetas; sin duda, ha tomado sus nombres de la *Divina Commedia* (*Purgatorio*, XXVI), en que Dante los encuentra juntos purgando su pecado, la homosexualidad. Además, al indicar que Guinecelli y Daniel parecen haber sido los primeros en escribir sonetos, el Marqués contraviene la historia del soneto que, años atrás, había incluido en la *Carta a doña Violante de Prades* (*vid.* Gómez Moreno y Kerkhof, eds., M. de S., *Obras completas, op. cit.*, pp. 436-37). Sobre la máxima aristotélica (*Physica*, I), debemos recordar que don Íñigo la había desarrollado, sin citar la *auctoritas*, en el *Prohemio* de los *Proverbios*:

> Bienaventurado príncipe, podría ser que algunos, los quales por aventura se fallan más prestos a las reprehensiones e a redargüir e emendar que a fazer nin ordenar, dixessen yo haver tomado todo o la mayor parte d'estos Proverbios de las doctrinas e amonestamientos de otros, assí commo de Platón, de Aristótiles, de Sócrates, de Virgilio, de Ovidio, de Terençio e de otros philósophos e poetas, lo qual yo non contradiría, antes me plaze que assí se crea e sea entendido. Pero éstos que dicho he, de otros lo tomaron, e los otros de otros, e los otros de aquellos que por luenga vida e sotil inquisiçión alcançaron las esperiençias e causas de las cosas. (*ibid.*, p. 220)

26. Acerca de la teoría de los estilos hay que recordar la extraordinaria preocupación del autor medieval culto por ajustarse a una norma métrica, algo que en España ocurre por vez primera en el exordio del *Libro de Alexandre* (los ejemplos franceses son abundantes en distintos registros de la poesía lírica o narrativa). Véase también una vez más otra clara —y, como ya he señalado más arriba, necesariamente inconexa— coincidencia entre el *De vulgari eloquentia* y nuestro *Prohemio e carta*: los poetas mediocres o, sin reparos, los malos poetas «differunt tamen a magnis poetis, hoc est regularibus, quia magno sermone et arte regulari poetati sunt» (II, 4).

Sin embargo, mucha más tinta ha merecido el binomio *romançes e cantares*, al que alude el Marqués, desde un artículo de W.C. Atkinson, «The Interpretation of 'Romançes e cantares' in Santillana», *Hispanic Review*, 4 (1910), 1-10; en él, Atkinson proponía que don Íñigo, con el término *cantares*, apuntaba a los antiguos poemas épicos. Para S.G. Morley, en un trabajo posterior, «Romançes e cantares», *Bulletin Hispanique*, 38 (1936), 366-69, dicho término sólo se referiría a poemas hechos sin reglas métricas, comunes en la temprana poesía española. Dorothy C. Clarke, en su trabajo, «Remarks on the early *Romances* and *Cantares*», *Hispanic Review*, 17 (1949), 119-120, relacionaba ambas voces con las formas poéticas populares, mientras, poco más tarde, Florence Street volvía los ojos sobre el antiguo trabajo de Atkinson en «Some Reflexions on Santillana's 'Prohemio e Carta'», *The Modern Language Review*, 52 (1957), 230-33. Por fin, la propia Clarke, en «The Marqués de Santillana and the Spanish ballad problem», *Modern Philology*, 59 (1961), 13-24, persiguió de nuevo este asunto con algo más de fortuna, incorporando algunos materiales de interés, aunque desigualmente aprovechados, lo mismo que hará más tarde Miguel Garci-Gómez en una serie de trabajos que revisaré con cierta calma.

Clarke ha sido la primera en recordar que la pareja *romance* + *cantar* aparece en una de las glosas de Juan de Mena a *La Coronación* (copla 46). Los versos dicen así:

> Dentre las ramas más bellas
> De aquel seluático seno
> Salieron quatro donzellas
> Más claras que las estrellas
> Con el nocturno sereno.
> Las quales, cantando en arte
> El romançe de Atlante,
> Circundaron su persona
> Y le dieron la corona
> sobre todas illustrante.

Por su parte, la glosa a la copla indica:

> El romançe de Atalante. Deste romançe habla Virgilio en su libro *Eneidos*. E porque Atalante fue muy grand astrólogo et habló de los movimientos de los çielos e de los hechos de arriba, dixeron que aquel hablar fue romançe que el iuglar hazía en la cíthara en las bodas de Eneas con la Reina Dido de Cartago. Yo dixe que estas donzellas con aquel *cantar o romançe* traxeron la corona, esto es, con los pensamientos de las cosas çelestiales que son verdadero romançe. (Juan de Mena, *La Coronación* (¿Toulouse, 1482?), f. 75r-v.)

Cantares y romances parece ser una mera fórmula, que encontramos hasta en el siglo XVI; así, Fray Antonio de Valenzuela, en su *Doctrina Christiana* afirma querer «desterrar y maldezir y excomulgar estos cantares y romances nocharniegos, los quales parecen ser cantares de demonio compuestos por hombres prophanos» (*Doctrina Christiana para los niños y para los humildes* (Salamanca, 1556), fol. Avi-7). En el *Prohemio*, ambos términos forman una pareja más, también seguramente formulaica, entre las muchas que ilustran su característico sistema de *amplificatio* retórica. Por supuesto, ni uno ni otro término ni ambos unidos tienen connotaciones negativas en la Carta al Condestable de Portugal o en el ejemplo anterior: el primero rechaza sólo aquellos *romances* y *cantares* que no se ajustan a un patrón formal; el segundo, aquellos que contravienen la norma moral.

El intento de asociar el binomio anterior con alguna categoría literaria medieval presenta nuevas dificultades. Miguel Garci-Gómez ha estudiado este aspecto en «*Romance* según los textos españoles del Medievo y Prerrenacimiento», *Journal of Medieval and Renaissance Studies*, 4 (1974), 35-64; «The Reaction against Medieval Romances: Its Spanish Forerunners», *Neophilologus*, 60 (1976), 220-232, y, sobre todo, en su edición de los *Prohemios y cartas literarias* del Marqués de Santillana (Madrid: Editora Nacional, 1984), pp. 54-76; mi opinión sobre las conclusiones a que llega Garci-Gómez puede resumirse en uno de los pasajes de mi reseña a este último trabajo:

Sólo pueden aceptarse en parte algunas de las conclusiones sobre el término y concepto *romance* en la obra del Marqués y, en general, en el siglo XV. Asumida la posibilidad de que con dicha voz se aluda a 1) "una composición extensa en verso, que interpretaba un juglar acompañándose con un instrumento musical" y 2) a lo que se conoce como *roman*, no podemos mezclar ambas categorías, como hace el editor (69-76); en el segundo caso, estamos ante un texto que no llevó asociado el canto ni en la época en que se compuso en forma de verso (P. Zumthor, *Essai de poétique médiévale* [1972] 340 y ss.): la declamación o la lectura privada son las vías de difusión del *roman* y la ausencia de canto una de sus características frente o otros géneros. Los testimonios de Villena, Mena y el propio Santillana indican con claridad que la voz *romance* tuvo en ocasiones el mismo significado que el término más general de la poesía del siglo XV, *cantar*. Las documentaciones anteriores apuntan hacia dos grupos de obras: 1) decires narrativos, 2) romances (baladas); veamos un interesante glosa a la traducción de la *Eneida* de Villena que olvida el propio Garci-Gómez: "... los otros e postrimeros se dizíen líricos, que fazían los versos con son para tañer e cantarlos en las liras, ynstrumento apto para esto, contando en ellos las gestas antyguas, *segund oy fazen los rromances*" (MS. BNM 17975, f. 20r). Los romances pueden narrar los hechos de los héroes antiguos, estar en verso y, quizás también, ir acompañados de canto; todo depende de la lectura de este pasaje, que, a mi modo de ver, reúne los tres rasgos apuntados. Así, sería difícil suponer que la actualidad a la que se refiere Villena comprendiera algunas de las formas romancescas de la cuaderna vía del siglo XIV (Garci-Gómez llega a incluir en el saco de los romances del Marqués al propio *Libro de Buen Amor*). (*Romance Philogy*, 41 (1987), 244-49 [246-47].)

Un último testimonio de la asociación entre la voz *romance* y el acompañamiento musical (con laúd, en esta oración) se da en Pero Tafur, que es así la documentación más temprana del término, con un significado restringido a poemas lírico-narrativos que quizás no sean otra cosa que representantes de lo que denominaremos el Romancero (en la edición de M. Jiménez Espada [Madrid: Ginesta, 1874], vol. VIII, p. 139). De todos modos, no cabe negar la posibilidad de que, en el *Prohemio, cantar* y *romance* no sean términos sinónimos sino sólo emparejados; de ser así, creo que todos sospecharíamos que el primer vocablo estaría aludiendo a canciones líricas de tipo popular. En cualquier caso, tengo absoluta seguridad de que *romance* no identifica aquí al *roman* en verso, que en España estaría representado por los poemas narrativos en cuaderna vía.

He dejado para el final el conjunto de calificativos «syn ningund orden, regla nin cuento» que tanto dio que pensar a Clarke en su último artículo sobre el *Prohemio e carta*; la labor de documentación de estas voces por parte de la investigadora norteamericana obtuvo unos ricos resultados que, sin embargo, la llevaron a dudar de su significado. *Orden, regla* y *cuento* aparecen en otros lugares de la obra del Marqués y en el propio *Prohemio*, junto a documentaciones en diversos autores, que, en varios casos, asocian dichas palabras con otras como *peso* o *medida*, que también usa don Íñigo. Sin embargo, tras revisar varios testimonios coetáneos de «sin cuento» y «ni cuento», Clarke afirma:

In my opinion «in countless numbers», «innumerable», fits the sense of the remark far better than does «syllable count». Though I doubt that the *romances* in their *present* metric form were innumerable in Santillana's day, this interpretation should please those who would argue that the *romance* was widespread at an early date, and it should be grist for the mill of those who theorize that the *romance* was originally of popular nature, appealing to the uneducated rather than the learned. (*Op. cit.*, 16.)

A mi modo de ver las cosas, las suposiciones de Clarke no tienen fundamento, pues, si bien el término puede resultar anfibológico en este pasaje, lo cierto es que aparece con el significado de «cómputo silábico» como en otros lugares de la obra de don Íñigo (como recuerda la propia Clarke); además, la conjunción copulativa *ni* lleva a pensar que don Íñigo une tres consideraciones formales de la poesía. Aunque es cierto que la lectura de Clarke no es imposible, la exposición que de ella hace en las líneas anteriores se me antoja poco convincente.

27.   Cecco D'Ascoli o Francesco Stábili (1269-1327) fue un poeta italiano que alcanzó fama de mago, lo que lo llevaría a perecer en la hoguera; de su poema *Acerba* hubo un ejemplar en la biblioteca de don Íñigo con un subtítulo en el canto que tiene en cuenta su carácter enciclopédico (recuérdese que incluye dos bellos ejemplos de bestiario y lapidario): *De virtutibus rerum potestatibus* (ms. 10191 de la Bib. Nacional). El título *De proprietatibus rerum* puede ser una mera confusión con otras obras así llamadas, entre las que destaca la enciclopedia de Bartholomaeus Glanville, de gran difusión en la Europa del siglo XV (hay versiones castellanas desde finales del siglo XIV, aunque la traducción más célebre es la que Vicente de Burgos llevará a la imprenta décadas después).

De los tres grandes poetas italianos, don Íñigo poseyó numerosas obras; así, seguramente fue suya una *Divina Commedia* en italiano (ms. Vitr. 23-2 de la Bib. Nacional) y poseyó también la que incluye la versión castellana realizada con toda probabilidad por don Enrique de Villena, a la que ya he aludido en otras ocasiones (ms. 10186 de la Bib. Nacional), y los comentarios de Jacopo della Lana (ms. 10207 de la Bib. Nacional) y Benvenuto de Imola (mss. 10196 y 10208 de la Bib. Nacional), que, como hemos comprobado, el Marqués conocía muy bien. Además, don Íñigo pudo poseer dos cancioneros italianos, uno de los cuales incluía también el *Convivio* y la *Vita nuova* (mss. 10258 y 10227 de la Bib. Nacional).

Petrarca estaba representado en la biblioteca del Marqués por varias copias italianas de sus obras, de las que fueron suyas sin duda un *De viris illustribus* (ms. Res. 214 de la Bib. Nacional) y un *De remediis utriusque fortunae* (ms. Res. 212 de la Bib. Nacional) además del soneto con comentario de Enrique de Villena al que me he referido más arriba (ms. 10186 de la Bib. Nacional); quizás le pertenecieron también unos *Sonetti e Canzoni in morte di madonna Laura* (ms. 10145 de la Bib. Nacional) y un códice castellano con el *De vita solitaria* (ms. 10127 de la Bib. Nacional). Aunque los *Trionfi* no aparecen por ningún lugar, se trata de una de las obras mejor conocidas por el Marqués, con influjos tan palpables como el *Triunphete de Amor*, en su título y su diseño global.

Finalmente, Boccaccio estaba magníficamente representado en varios textos italianos, con la *Fiammeta* (ms. Res. 53 de la Bib. Nacional), el *Corbaccio* (ms. Ital. 1702 de la Bib. Nacional de París), el *Philostrato* (ms. Vitr. 16-3 de la Bib. Nacional), y los códices castellanos de la *Genealogia deorum* (vid. n. 13) y el *Ninfal d'Admeto* o *Commedia delle ninfe fiorentine* (manuscrito perdido a principios de siglo, aún lo pudo ver Amador de los Ríos, Schiff, *La bibliothèque..., op. cit.*, p. 333). También pudieron pertenecer a don Íñigo otros libros en italiano: una *Teseida* (ms. 10271 de la Bib. Nacional), un *Filocolo* (ms. 10412 de la Bib. Nacional) y una *Vita Dantis* (ms.

10227 de la Bib. Nacional), además de una versión castellana del *Liber de montibus, silvis et fontibus* (ms. Esp. 458 de la Bib. Nacional de París).

28. La *translatio poetriae* se plantea en unos términos bastante vagos (don Íñigo emplea el «creo» una vez más al hablar de la poesía de Galicia y Portugal y en la *Carta a su hijo Pero Gonçález*, en que la duda al referirse a Catón de Utica es un craso error, como ya señaló Amador de los Ríos), quizás porque el Marqués, a diferencia de otras afirmaciones, no ha partido de ninguna lectura concreta para su diseño. La idea de la prioridad de la poesía provenzal y de su influjo sobre la compuesta en gallego-portugués, catalán o castellano podía ser relativamente conocida entre personajes de cierta cultura al recordar la deuda con los poetas provenzales y franceses presentes en la Península en el siglo XIII (recuérdese el libro de Carlos Alvar, *La poesía trovadoresca en España y Portugal*, Barcelona: Cupsa, 1977). Los catalanes tenían plena conciencia de la antigüedad de la lírica occitana –que les serviría como modelo absoluto, incluso lingüístico, hasta la primera mitad del siglo XV–, por lo que sería posible que don Íñigo hubiese tenido noticia de su precedencia durante su estancia en Cataluña en su juventud; en Cataluña, el provenzal era, sin más, la lengua de los trovadores, como recuerdan una y otra vez los preceptistas, entre ellos Raimon Vidal de Besalú: «E per totas las terras del nostre lengatge son en maior auctoritat li cantar de la parladura de Lemozi que de null'autre» (J. H. Marshall, ed., *The 'Razos de trobar' of Raimon Vidal and associated texts, op. cit.*, p. 7), o Luis de Averço en su *Torcimany* (así lo indica en el cap. VI). Quizás recogiera también esta idea la versión completa, hoy perdida, del *Arte de trovar* de don Enrique de Villena, dedicado a don Íñigo en su período de formación poética. Para concluir, cabe indicar que, al menos a final de siglo, los orígenes provenzales de la lírica culta peninsular no eran conocidos o aceptados por todos, como lo pone de manifiesto Juan del Encina en el cap. I de su *Arte de poesía castellana*, en que aboga por un origen italiano.

29. Hasta ahora, los medievalistas hemos sido capaces de determinar de manera aproximada el valor de algunos de los términos métricos presentes en este pasaje; así, *pies* y *bordones* son, indistintamente, versos o sílabas métricas; *peso* y *cuento* sirven para aludir a las tareas de ponderar y escandir la medida de dichos versos; el *terçio rimo* es la *terza rima*, usada en la *Divina Commedia*; las *canciones morales* parecen corresponder a la *canzone* italiana y sus derivados europeos por su asociación con otras formas propias de la lírica italiana, como los *sonetos*; las *baladas*, por el contrario, son seguramente las *ballades* de la lírica francesa medieval, poemas formados por tres

estrofas en que el último verso sirve de refrán; por fin, *pie truncado* es lo mismo que *pie quebrado*, *medio pie* o *bioc*. Tras esta revisión, aparentemente clara, resulta más complejo interpretar debidamente la totalidad del pasaje, que presenta problemas que se me antojan difíciles de resolver. Además, la sintaxis ayuda poco, pues añade nuevas barreras para una comprensión correcta del fragmento; eliminadas algunas de éstas, se podría leer más o menos del modo siguiente: «Los franceses escribieron diversos tipos de poemas de distinta métrica (respecto de la de los autores italianos), si bien la escansión es la misma en las baladas (francesas) que en la *terza rima*, los sonetos o las canciones (italianos)»; finalmente, la presencia de *medios pies* sería común a las cançiones morales y a las *baladas*. ¿Estaban presentes estas afirmaciones en la versión larga del *Arte de trovar* de Villena? Tal vez, don Íñigo teorizaba –con evidente torpeza en este pasaje– apelando a sus propios conocimientos de dichas formas métricas.

30. Don Íñigo conocía el *Roman de la Rose* de Guillaume de Lorris y de Jean Clopinel de Meung o Jean de Meun con profundidad, pues poseía un manuscrito de dicha obra (ms. Vitr. 24-11 de la Bib. Nacional), editado recientemente por Carlos Alvar en el texto de Guillaume de Lorris (Barcelona: El Festín de Esopo, 1985); en esta copia, como en otras, se recogen los dos conocidos versos: «ce est li *Romans de la Rose*, / ou l'art d'Amours est toute enclose». *Michaute* no es otro que el músico y poeta Guillaume de Machaut (1300-1377?), cuyo cancionero dispuso con el orden siguiente (el ms. fr. 1584 de la Biblioteca Nacional de París recoge la recomendación de Machaut de leerlo en la secuencia marcada): decires narrativos y poemas líricos de corte narrativo, por un lado, y lais, motes, la *Misa*, baladas, rondeles y virelais, por otro; este último grupo está caracterizado por la presencia de la música. Los términos son propios de la lírica de allende los Pirineos: sólo Fernando de la Torre usa el *rondel* (seis documentaciones); el *lai* aparece en una sola ocasión en un poema de Juan de Torres; *balada* y *virelay* son voces ajenas a la poesía castellana cuatrocentista. Oton de Grandson (segunda mitad del siglo XIV) era conocido en diversas partes de Europa –aunque no en Castilla– por su *Livre Messire Ode*. Alain Chartier (1385 - ca. 1430 y 1449, *a quo - ad quem*) es el único de estos tres poetas presente en la biblioteca de don Íñigo (ms. 10307 de la Bib. Nacional), cuyo códice contiene *Le debat de réveille-matin*, *La belle dame sans merci* y otras obras, entre las que faltan dos de sus composiciones principales, citadas por el Marqués: el *Livre des quatre dames* y el *Bréviaire des nobles*. Chartier (que no pudo ser secretario del rey Luis XI por cuanto éste comenzó a reinar en 1461 a la muerte de su padre, Carlos VII, con quien mantuvo disputas bélicas) tuvo un notable influjo en la obra de don Íñigo, como ya puso de manifiesto Charles

V. Aubrun en «Alain Chartier et le Marquis de Santillane», *Bulletin Hispanique*, 40 (1938), 128-149, y puntualizó Lapesa en su clásico libro sobre nuestro poeta; en éste, el erudito español concluye acerca de los otros dos escritores:

> Esta nueva poesía francesa encontró entusiasta acogida en la corte de Juan I de Aragón, «el amador de toda gentileza», que ya en 1380 se procuraba un códice de Machaut. ¿Tuvo igual éxito en Castilla por las mismas fechas? Sólo para épocas posteriores se han indicado influencias concretas del *Roman de la Rose*, Machaut y, más discutibles, de Granson. (*op. cit.*, p. 27.)

Las líneas anteriores son una clara matización de Lapesa a trabajos como los realizados por J. Seronde: «A study of the relations of some leading French poets of the XIV and XV centuries to the Marqués de Santillana», *The Romanic Review*, 6 (1915), 60-86, y «Dante and the French influence on the Marqués de Santillana», *The Romanic Review*, 7 (1916), 194-210. Suscribo también la opinión de Lapesa cuando afirma:

> Queda ya dicho que desde el tiempo de Juan I de Aragón la influencia francesa era intensa en Cataluña. Probablemente sería en tierras de lengua catalana donde el joven copero de Alfonso V oyó por vez primera cantar baladas y rondeles de Machaut o de Granson. (*op. cit.*, p. 41.)

La ausencia de códices de estos dos autores franceses en las bibliotecas castellanas del siglo XV (conclusión a la que llego tras consultar los principales catálogos de manuscritos y revisar algunos de los inventarios medievales recogidos por Charles Faulhaber en *Libros y bibliotecas en la España medieval*, Londres: Grand & Cutler (Research Bibliographies and Checklists, 47), 1987) me lleva a pensar que los futuros contactos de don Íñigo con la obra de Machaut y Granson fueron fortuitos, si es que existieron.

31. A don Íñigo, según nos indica, le gustan más y cree son mejores –desde su modesto parecer, como indica el tópico que inserta– los italianos que los franceses en lo que respecta al argumento de sus poemas, mucho más imaginativos; en cambio, considera superiores a los galos desde el punto de vista de la forma por cuanto se aferran con mayor fuerza a los preceptos poéticos, mientras que los italianos parecen preocuparse tan sólo por una escansión y rima correctas. Una vez más, a no ser que don Enrique de Villena hiciese alguna referencia similar en su versión completa del *Arte de trovar*,

don Íñigo habría llegado a esta conclusión gracias a sus propios conocimientos de la poesía europea medieval; así, la variedad métrica de un Chartier (y, tal vez, su recuerdo de Machaut y Granson), frente al limitado repertorio métrico de los Dante y Petrarca que conocía, podría haberle llevado a pensar así. La expresión *fazerse mençión* no debe despistarnos: no indica que los italianos −en unas supuestas preceptivas, que don Íñigo conocería− no citen como principios poéticos fundamentales otros que no sean el cómputo y la rima, sólo indica que éstos son para ellos los más importantes (*fazerse mençión* es también «prestar atención» «conceder importancia» u «ocuparse» en otros casos, como en el *Libro de buen amor*, 369c).

En lo que sigue, el Marqués elogia la poesía francesa por la música que la acompaña, lo que le lleva a decir que Orfeo, Pitágoras y Empédocles parecen haber nacido en Francia. Don Íñigo hace extensiva la leyenda de Orfeo a los otros dos personajes, históricos frente al primero; al héroe mitológico lo llama *filósofo*, como antes lo había hecho el Comentario a la *Divina Commedia* de Jacopo della Lana («Orpheo, poeta e filósofo», ms. 10207 de la Bib. Nacional, fol. 14r). La leyenda de Orfeo se encontraba en varios de los libros del Marqués, entre los que destacan el *Ovide moralisé* de Pierre Berçuire (ms. 10144 de la Bib. Nacional, fol. 174r-v), la *Eneida* glosada por Villena (ms. 17975 de la Bib. Nacional, fol. 125r) y la *General Estoria* alfonsí en su parte II (ms. 10237 de la Bib. Nacional), que parece haber influido mucho en varias obras de Marqués; creo que de sus capítulos CCX-CCXV parte don Íñigo al recordar a Orfeo («cap. CCX. de Orpheo *el philósopho* e de Eurídize su mugier»). Orfeo aparece como poeta-vate en el texto de la *Vida de Dante* de Leonardo Bruni citado en la nota 4. La referencia a Pitágoras y Empédocles procede, sin duda, del *De vita et moribus philosophorum* de Walter Burley; sobre el primero, se dice:

> Y segunt dise Boecio en el primero libro de *La arte música*, este Pitágoras fue el ynventor de la música arte. (Knust, *op. cit.*, p. 69.)

Además, Burley indica algunas de sus fuentes: el libro III de las *Etimologías* y el VII del *De civitate Dei* de San Agustín. La leyenda de Empédocles es similar, aunque a lo humano, a la de Orfeo, lo que facilitaba la referencia conjunta de don Íñigo en el *Prohemio*:

> Aqueste, segunt dise Boecio en el prólogo del *Arte de la música*, tanto sabía de la música arte y del canto que como un mancebo lleno de yra viniese a ferir a un su huesped porque avía acusado a su padre de cierto crimen, este Empédocles asý cantó dulce mente y con tal modulación que fiso tenplar y inclinar toda la yra que traýa el mancebo. (*ibid.*, p. 191.)

Tras la narración del rescate de Eurídice de las sombras y el Hades, don Íñigo resume la importancia de la música en la poesía con un símil «arbóreo», que Curtius debería haber recogido en conjunto en su *magnum opus*, pues aparece a menudo en textos medievales, y es de clara raíz bíblica; véase, por ejemplo, el capítulo XVI del *Oracional* de Alonso de Cartagena, cuya rúbrica dice:

> Capítulo xvi. Que muestra que así commo gozamos de las flores e frutu de los árboles, así podemos gozar de la flor del árbol yntelectual de la oración a que todas estas tres cosas pueden ser deuotamente adatadas. (ms. 9156 de la Bib. Nacional.)

32. En un repaso que va desde atrás hacia delante y del exterior al interior, el Marqués ha llegado a la Península, donde empieza con una revisión de la poesía en la Corona de Aragón, región ajena aún a Castilla y punto lógico de unión entre las corrientes poéticas de Provenza, Francia e Italia y las correspondientes a los distintos reinos hispánicos. Sobre *novas rimadas,* la forma más antigua de dicha poesía que conoce el Marqués, indica López Estrada:

> Según la terminología que procede de la literatura provenzal y francesa, se refiere a narraciones contadas en poemas en rimas emparejadas, sobre cualquier orden de contenidos, a veces amplificación de asuntos líricos, otras con mezcla de didactismo en la narración. (*Las poéticas...,* op. cit., p. 112.)

Es probable que la clave de la afirmación de don Íñigo se encuentre acaso en formas como el *lai* e incluso tal vez en el mismo *roman* en verso; de este modo, se salvaría el escollo del metro largo del que habla don Íñigo, pero tropezaríamos con dos problemas: dichos registros literarios carecen de versos sin rima y, además, se desconoce su presencia en el norte peninsular. Parece más prudente apuntar hacia otra dirección: dentro de formas lírico-narrativas trovadorescas o, quizás, en la poesía que don Íñigo conocía mejor, la de Ausias March. De aceptar esta última posibilidad, falsearíamos la prioridad cronológica indicada por el Marqués para este tipo de verso, aunque se podrían encontrar algunas coincidencias respecto a su comentario: Ausias March no usa formas métricas en que aparezcan versos sueltos, si bien se sirve de un metro largo con rima en unos poemas y sin rima en otros (evidentemente, me refiero al *Cant espiritual*). No sé si don Íñigo pensaba en alguna de estas variedades poéticas; de lo que sí estoy seguro es de sus múltiples imprecisiones, entre las que ésta podría ser una más. Del mismo modo, tampoco parece apropiado indicar que los catalanes, como los provenzales, se sirvieron más tarde de versos decasilábicos, pues, aunque existían en esta poesía, nunca fueron los más representativos. Más preciso se nos muestra don Íñigo al brindarnos su breve nómina de autores, con grandes poetas como Guillem de Bergedà, novelesco personaje del siglo XII autor de excelentes composiciones satíricas y amorosas; posteriores son Pau de Bellviure o Benviure, poeta catalán de la segunda mitad del siglo XIV y primera del XV, el menos conocido de cuantos cita, y los grandes compositores catalanes Pere March (1338?-1413), a quien don Íñigo pudo conocer en su adolescencia; Jordi de San Jordi (muerto entre 1423 y 1425), de quien transcribe de modo aproximado los versos «Tots jorns aprenc e desaprenc ensems» y cita la *Passio amoris secundum Ovidium* (algunas composiciones de este poeta circularon por Castilla, aunque sólo una se recoge en un cancionero castellano en fecha tardía, *Esperança res no dona*, inserta en el *Cancionero General* de 1511); Andreu Febrer (1375-1444), que anduvo por la corte de Alfonso V el Magnánimo, como don Íñigo, y tradujo (según le han contado al Marqués y nosotros sabemos) la *Divina Commedia* al catalán en tercetos rimados, forma métrica de la versión original (acabó dicho trabajo en 1429); y, finalmente, el gran Ausias March, muerto en 1459, un año después que don Íñigo.

33. El Marqués recoge aquí diversas obras pertenecientes a la poesía narrativa medieval castellana escrita en tetrásticos monorrimos o cuaderna vía; son de gran importancia las alusiones al *Libro de Buen Amor* y al *Rimado de Palacio* por cuanto dan pistas sobre su difusión (algo que no extraña en el segundo libro por ser don Íñigo sobrino de Pero López de Ayala), y sus títulos originales (véanse las notas al códice SA8 en esta edición), la cita del *Libro de Alexandre* porque confirma que el ms. Vitr. 5-10 de la Bib. Nacional perteneció casi sin duda a don Íñigo, y la de los *Votos del pavón* por tratarse de la única noticia de que disponemos acerca de esta obra perdida. Amador de los Ríos, a diferencia de lo que opinaba la crítica anterior y defienden los investigadores en la actualidad, indica en su *Historia crítica de la literatura española* (1861-1865) acerca de esta obra:

Habiendo manifestado Mr. Fauchet en sus *Orígenes de la lengua y poesía francesa* (ed. de Paris, 1871, pág. 88) que el *Roman du Paon* era una 'continuación de las hazañas de Alejandro', noticia que repitieron después Quadrio y otros, asegurando que existía el ms. en la Biblioteca Imperial con el título *Les veux du Paon d'Alexandre*, han supuesto algunos críticos modernos que el poema castellano, como traducción de dicha obra, debía contener el mismo argumento (Ticknor 1.ª Época, cap. IV). Mas aunque no puede negarse la existencia del libro citado por Fauchet y descrito en producciones más recientes (Mem. et extr. des Mss. de la Bibl. Nat., T. V, pág. 118), nos parecerá siempre aventurado el asegurar que sea tal el asunto del poema citado por el Marqués de Santillana.

Y añade más adelante:

> Los *Votos del Pavón*, lejos de proseguir la historia del héroe de Macedonia, lejos de carecer de importancia en la de las letras españolas, cual una y otra vez se ha afirmado, contienen una parte muy interesante de la trama romancesca de la vida de Carlo-Magno. (Cito por el facsímil de Madrid: Gredos, 1969, en p. 47. Se dedican a este problema las pp. 47-53.)

Para esta afirmación, Amador se basa en *La Conquista de Ultramar*, donde aparece la promesa que ante un pavo hacían los caballeros, que debía cumplirse en el plazo de un año; se trata de aventuras relacionadas con Mainete, hijo de Pipino y Berta, en las que el pavón sería uno más entre los juegos o deportes propios de los caballeros de la Tabla Redonda. Sin embargo, a pesar de la opinión del erudito español, los *Votos del pavón*, redactados también en cuaderna vía (el resto de las obras lo están y don Íñigo afirma que los *Votos* se han compuesto también *de esta guisa*), parecen corresponder a una versión española de los *Voeux du paon* de Jacques de Longuyon, obra compuesta en 1310 en series de alejandrinos relacionada con el *Roman d'Alexandre*. La *materia de Bretaña* o la de *Francia* (con las que la relaciona Amador de los Ríos) no son propias del Mester de Clerecía (me refiero, claro está, a las obras escritas en tetrásticos); en especial, la primera fue objeto de duros dardos a ambos lados de los Pirineos por su carácter fantástico y, a menudo, imoral. Por el contrario, Alejandro y la *materia de Roma* constituían tema grato para los autores que usaban de la cuaderna vía, metro presente en los *Votos* citados por el Marqués, como podemos deducir del pasaje del *Prohemio*.

34. La sección gallego-portuguesa del *Prohemio* comienza con una alusión a dos formas métricas estudiadas por Henry R. Lang («Las formas estróficas y términos métricos del *Cancionero de Baena*», *Estudios eruditos in memoriam de Adolfo Bonilla y San Martín* (Madrid, 1927), vol. I, pp. 485-523), cuyas conclusiones ha recogido recientemente José Domínguez Caparrós (*Diccionario de métrica española*, Madrid: Paraninfo, 1985). En ambos, el *arte mayor* y *común* (sobre las que don Íñigo, una vez más, se muestra inseguro)

corresponden a grados distintos de complejidad poética, que, en el primer caso, no nos remiten a la conocida *copla de arte mayor*. En la *maestría mayor*, el poema se construye con las mismas rimas consonantes en cada estrofa; en el *arte menor* las rimas consonantes jamás se repiten (Caparrós da como ejemplo de la primera un decir de Villasandino, *Amor, para siempre te quiero loar*, y de la segunda un poema del propio don Íñigo, el decir *Al tiempo que demostraua*). Los versos *encadenados* comienzan con la misma palabra en que acaba el verso anterior; el *lexaprén* supone la repetición de una palabra o grupo de palabras del último verso de una estrofa en el primero de la siguiente; por fin, el *manzobre* es el resultado de repetir en la rima distintas formas gramaticales de la misma palabra (se asocia así con la *annominatio* retórica).

El aserto del Marqués de Santillana sobre la prioridad de la lírica gallego-portuguesa y su cultivo en la Península no requiere mayor explicación. El fenómeno estaba demasiado cerca en el tiempo para que don Íñigo y otros muchos lo olvidasen; en esa tradición literaria, nuestro poeta es, además, el último compositor que, según la vieja norma castellana, se sirve del gallego-portugués:

> Por amar non saybamente,
> mays commo louco sirvente,
> hey servido a quen non sente
> meu cuydado,
> [...]

35.   El contenido del Cancionero poseído por doña Mencía de Cisneros —según lo recuerda su nieto— difiere de las escasas colecciones de poesía gallego-portuguesa conservadas, aunque quizás perteneciese a la misma tradición que el *Cancionero de la Vaticana* y el *Cancionero de la Biblioteca Nacional* o *Colocci Brancuti*, copias posteriores al menos en un siglo. Me parecen muy precisas las indicaciones de Alan Deyermond en «Baena, Santillana, Resende and the silent century of Portuguese court poetry», *Bulletin of Hispanic Studies*, 59 (1982), 198-210 (202-3); del mismo estudioso, véase también «The Love Poetry of King Denis», en John S. Geary, ed., y Charles B. Faulhaber y Dwayne E. Carpenter, eds. asoc., *Florilegium Hispanicum. Medieval and Golden Age Studies presented to Dorothy Clotelle Clarke* (Madison: Hispanic Seminary of Medieval Studies, 1983), pp. 119-130 [119-120], donde recuerda de nuevo que, de ser cierto el recuerdo de don Íñigo («toda la mayor parte era del Rey don Donís de Portugal»), podríamos haber perdido una buena parte de la producción del gran monarca y poeta portugués, aunque

«it is possible that as the years passed the proportion of his work in the *Cancioneiro de Mencia de Cisneros* grew in Santillana's memory (he was writing thirty-five years of more after he saw this *cancioneiro*)» («Baena, Santillana...», *op. cit.*, 202).

De los poetas citados por don Íñigo junto a don Denís, tan sólo Vasco Peres de Camões no aparece en ninguno de los cancioneros conocidos. Podría tratarse de un error del Marqués o también de una referencia a un personaje posterior a la época de la poesía gallego-portuguesa de este mismo nombre, antepasado del autor de *Os Lusiadas* (los datos de que dispongo llevan su fecha de nacimiento a 1361 y su muerte a 1386). Del resto, Johan Soarez de Pavha o Pávia es el primer poeta gallego-portugués de nombre conocido (finales del siglo XII o comienzos del siglo XIII); *Senabria* puede no ser otro que Fernán Gonzalvez de Seabra, poeta menor incluido en el *Cancionero de la Vaticana* y en el *Colocci-Brancuti; Casquiço* es seguramente Fernand' Esquyo, autor de mediados del siglo XIV, o tal vez algo anterior, del que no tenemos más noticias que sus propios poemas; Macías no necesita presentación, por su fortuna entre los autores castellanos en prosa y verso y la pervivencia de su leyenda hasta el período romántico; las anécdotas amorosas de Macías parten en buena medida de los escasos poemas de este gallego conocidos en la Edad Media, en la línea de las *Vidas* y *Razos* provenzales (*vid.* al final de la nota).

Sobre los géneros poéticos aludidos en el pasaje presente, vale la pena revisar un extenso párrafo del artículo de Deyermond:

Further doubts are raised by Santillana' use of the words 'cantigas serranas e dezires'. As Michaëlis says a comma between *cantigas* and *serranas* would, if *serranas* were given the very broad meaning of rustic women' song, make this acceptable as a list of the three main genres of Galician-Portuguese secular lyric. She then points out that if *cantigas serranas* were read as a single term, it could still mean poems of popular inspiration, contrasted with *dezires* (the genres derived from Provençal), but could with equal plausibility be interpreted in the strict sense as *serranillas*. In the latter case, as she says, the *Cancioneiro de Mencia de Cisneros* would have differed very markedly from the extant *cancioneiros*, which contain only one *serrana* poem. Santillana's use of genre terminology is notoriously hard to interpret, but it is now clear that in this instance he is most unlikely to have used *serrana* strictly. Luciana Stegagno Picchio has shown that the only *serrana* poem of the *cancioneiros*, Álvaro Afonso's fragmentary 'Luís Vaasquez, depois que

135

parti', was composed in the second quarter of the fifteenth century (perhaps as late as the middle of the century), under the influence of Castilian poetry. The genre appears to be Castilian, and it would be astonishing if the *Cancioneiro de Mencia de Cisneros* had contained an early and substantial Portuguese development of it. If, however,, we interpret *serranas* as *pastorelas* (remembering that Santillana's later *serranillas* are closer to the Galician-Portuguese *pastorela* than to Juan Ruiz's *cánticas de serrana*), the problem is resolved: this lost *cancioneiro* could have contained an unusually high proportion of *pastorelas*. If that were so, the evidence would again point to its differing significantly from the tradition represented by *Vaticana* and *Colocci-Brancuti*. (*Ibid.*, 202.)

Una vez más, no cabe olvidar la lejanía en el recuerdo de los años de infancia de don Íñigo, que le lleva a citar lo que más le impresionó o, tal vez, lo que cree debía ser su contenido. En cualquier caso, el grado de imprecisión de este pasaje es muy elevado, por lo que se hace difícil precisar en qué lugares falla —si es que ocurre así— la memoria del noble castellano.

La sección gallego-portuguesa se cierra con la cita de Macías, que el Marqués había incluido anteriormente en la *Querella de Amor*, junto a dos poemas más del trovador gallego (uno de ellos atribuido también a Villalobos). No es cierto, sin embargo, que sólo se encontrasen en ese momento cuatro de sus poemas, pues, en diversos cancioneros cuatrocentistas se conservan hasta once composiciones diferentes, tal como se comprueba en el *Catálogo-Índice* de Brian Dutton (*op. cit.*, vol. II, p. 166).

36. Alfonso X abre la amplia sección dedicada a la lírica catellana. A pesar de lo que don Íñigo acaba de señalar sobre los orígenes de dicha lírica, creo que desconoce el hecho de que haya escrito sus *Cantigas de Santa María* y sus poemas amorosos y satíricos en gallego; de hecho, el Marqués confiesa no haber visto su poesía vernácula ni la que, según ha oído, escribió en latín, la lengua que tanto admira. Desde este momento, las citas corresponden a poetas que don Íñigo conoce por haber leído —quizás mejor, oído recitar o cantar— sus poemas. Aunque se trata de un hecho evidente, la crítica no ha reparado en la ausencia de poetas castellanos entre los libros del Marqués: ni siquiera se conservan ejemplares de sus propias obras, de que dispuso con absoluta seguridad. Quizás don Íñigo, a pesar de su defensa del oficio poético, consideraba a los creadores contemporáneos indignos compañeros de sus admirados autores clásicos, los humanistas italiano o los grandes tratadistas; sólo había lugar, por lo que significaban, para los grandes poetas de Italia y para algún exótico poeta francés. Aceptar este argumento sin mayores

reparos supone olvidar que estamos ante una clara forma de poesía áulica: poemas compuestos para ser recitados o cantados ante un auditorio de cortesanos que, en contadas ocasiones, mandaría sacar copia de los mismos, con excepción de algunos de los grandes poemas narrativos (además, debemos recordar que la gran abundancia de cancioneros castellanos medievales es característica de la segunda mitad del siglo XV).

El primer poeta presentado a continuación tiene para nosotros un especial interés por cuanto Juan de la Cerda, noble de la primera mitad del siglo XIV de conocida fama, no aparece en ninguno de los cancioneros conservados; de ser cierta la referencia de don Íñigo, se trataría del caso más temprano de poeta lírico (recordemos que en el *Prohemio* se incluirá después un ejemplo de poesía narrativa, el de Sem Tob, sin mayor indicación, por lo que ha de tomarse esta sugerencia con cuidado) en lengua castellana, si es que Juan de la Cerda no se sirvió del gallego-portugués. ¿Conocía don Íñigo su obra? De ser así, ¿lo colocaría en la sección castellana, por ser de dicha tierra, aunque hubiese escrito en gallego-portugués? Resulta imposible responder de uno u otro modo.

37.   La *poetarum enarratio* del *Prohemio e carta* sirve, entre otras cosas, para hacer una *laudatio* familiar que don Íñigo empieza con su abuelo, Pero González de Mendoza (1340-1385), autor de diversas poesías presentes en el *Cancionero de Baena*; de las dos que cita, la segunda no se conserva. Sin embargo, este pasaje ha merecido la atención de múltiples críticos por la extrañísima referencia teatral que incorpora. ¿Qué pueden ser los *çénicos plautinos e terençianos* a que alude don Íñigo? Veamos en primer lugar qué es lo que ha señalado la crítica al respecto. Para Edwin J. Webber («Plautine and terentian *cantares* in fourteenth-century Spain», *Hispanic Review*, 18 (1950), 93-107), tras revisar el problema del teatro medieval en Castilla y el carácter de las obras del abuelo del Marqués, la asociación entre unos términos y otros resulta lógica:

When the name of comedy has once been granted to *cantares*, either long or short, which have been written of amorous, familiar or humble things in a style also familiar and colloquial, then we may grant the name likewise to Mendoça's *estrambotes* and *serranas*, particularly if we should wish to heighten critical esteem directed toward them or their author. (105-6.)

En resumidas cuentas, para Webber no hay razón para pensar en obras teatrales, aunque años después matizará esta opinión («Further observations on Santillana's *dezir cantares*», *Hispanic Review*, 30 (1962), 87-93):

a degree of identification was possible between the fifteenth-century conception of the *sçénicos* and the juglaresque entertainments of the period. (93.)

A este punto llegó tras comprobar que el término *escena* no era desconocido en el siglo XV y deducir que quizás algunas salas palaciegas sirvieron como tales *escenas* en la época del Marqués. Lo cierto, sin embargo, es que después de leer múltiples testimonios españoles y europeos se llega a una conclusión muy distinta, como se verá inmediatamente. Por desgracia, la senda seguida por Webber no es la tomada por Dorothy C. Clarke, quien ha defendido que el término *sçénicos* es una derivación del nombre del propio Séneca, en un intento de integrar lo trágico y lo cómico («On Santillana's 'Una manera de deçir cantares'», *Philological Quaterly*, 36 (1957), 72-76). Sin embargo, el término *scénicos*, con *s* inicial, sólo está presente en la tradición del códice de Batres, que conserva la copia más incorrecta del *Prohemio*; en el siglo XV, tan sólo encontramos *çénicos* en lugar de *cínicos* (con la oscilación vocálica característica del momento) en una glosa aplicada al filósofo Demetrio por Alonso de Cartagena en su traducción a la *Vida bienaventurada* de Séneca (ms. 8241 de la Bib. Nacional, fol. 37r, con una oscilación que no se presenta en otras copias). Rechazada esta vía, se impone retomar la de Webber en su segundo artículo, que nos llevará a conclusiones muy distintas de las suyas.

Corominas, en su *DCELC*, documenta el término *escena* por vez primera en 1577 y la voz *escénico* en 1490; sin embargo, hay testimonios mucho más tempranos, como ya había demostrado Webber con algún ejemplo y puede comprobarse a través de los que ahora presento, así una glosa marginal a la traducción castellana de las *Etimologías* de San Isidoro, que amplía la referencia en el propio texto:

> *Sçenas.* Sçenas era vn lugar fecho en manera de casa dentro en el teatro, e era fecho en manera de medio çerco; e en estas sçenas auíe un letril, e allí cantauan los trobadores e los juglares e allí fazíen juegos los tragetadores. (ms. b. I. 13 de El Escorial, fol. 57. El texto correspondiente puede leerse en la edición de Joaquín González Cuenca, *Las Etimologías romanceadas, op. cit.*, vol. I, p. 163.)

Es evidente la escasa información de que disponía el glosador y lo lejos que se encuentra de una visión correcta de lo que era la escena en el teatro clásico, pues incluye elementos propios del universo lírico (trovadores) y tan sólo llega a la semirrepresentación (juglares); la clave radica en las mismas

Etimologías, donde, al hablar de las *epitalamias*, se indica que se cantaban en escena (la glosa se inserta en ese lugar). Tampoco es más clara, aunque no se llega a la confusión de la anterior, la glosa a la traducción de las *Invective contra medicum* de Petrarca llevada a cabo por Hernando de Talavera:

> *Scénicas meretrículas* «Meretrícula» propiamente suena «mugercilla de poco valer que por pequeño precio da su cuerpo». Si lícito es exprimirlo, suena «putilla». Por semejança, toda arte o sciencia que por vil precio se vsa llaman meretrícula. Scena llaman aquel vil lugar donde la tal merece su torpe [*vtorpe* en ms.] stipendio y donde otrosí la tal artezilla se vsa. Así que breuemente scénica meretrícula suena la sciencia de poco valer de que antiguamente algunos pobres poetas vsauan conponiendo y representando delictos y vicios de los grandes onbres. Deste linage son tragedias y comedias. (ms. 9815 de la Bib. Nacional, fol. 16r.)

Pedro Cátedra, en su edición de esta obra (en Francisco Rico, ed., Petrarca, *Obras, I, op. cit.*, pp. 382-410 [pp. 380 y 404 n. 118]), recuerda que *scénicas meretrículas* es apelativo que Boecio había usado en su *Consolatio* (I, pr. 1, 8); y así es, pero, además, la traducción castellana de Pedro de Valladolid va acompañada de la siguiente glosa:

> *Sçénicas.* Son dichas las musas por vn lugar señalado en el theatro llamado sçena, donde de ellas se tractaua. E es tomado de *sçenos*, en griego, que quiere dezir sonbra, porque este lugar estaua çerrado e escuro, e es la común manera de fablar que toda cosa que está en otra toma el nombre de aquélla en que está, assí commo de çibdat çibdadano. (ms. 13274 de la Bib. Nacional, fol. 5r.)

En Boecio aún se siente cerca la crítica de los grandes teóricos cristianos, lo fuese él o no, como los ataques al teatro de Tertuliano, Salviano o San Jerónimo. Los comentaristas de Dante coinciden en la idea de teatro y de escena que estamos viendo hasta ahora; así, el Comentario de Boccaccio al *Infierno, I*, ausente entre los libros de don Íñigo:

> Queste cotal commedie poi recitabano nella scena cioè in una piccola casetta la quale era constituita nel mezzo del teatro, stando dintorno alla detta scena tutto il popolo. E non gli traeva tanto il diletto e il desiderio di udire quanto di vedere i giuochi che dalla recitazione del commedo procedevano. (Cito por Dino Bigongiari, «Were there Theatres in the Twelfth and Thirteenth Centuries?», *The Romanic Review*, 37 (1946), 201-224 [209-210].)

Más interesante aún por su contenido parece ser uno de los pasajes del Comentario a Dante de Pietro Alighieri, que cito a través de la versión latina recogida por Bigongiari (*Ibid.*):

Antiquitus in theatro, quod erat area semicircularis, et in eius medio erat domuncula, quae scena dicebatur, in qua erat pulpitum, et super id ascendebat poeta ut cantor, et sua carmina et cantiones recitabat, extra vero erant mimi joculatores carminum pronuntiationem gestu corporis effigiantes per adaptationem ad quemlibet, ex cujus persona ipse poeta loquebatur pone, de Junone conquerente de Hercule privigno suo mimi, sicut recitabat ita effigiabant Junonem invocare Furias infernales ad infestinandum ipsum Herculem; et si tale pulpitum, seu domunculum, ascendebat poeta, qui de more villico caneret, talis cantus dicebatur comoedia.

Es muy importante el final de este pasaje, en que la comedia, género de Plauto y Terencio (*plautinos* e *terençianos*), se asocia con canciones de asuntos populares: las serranas y los *estrinbotes* (zéjeles o villancicos) señalados por don Íñigo, evidentemente. Considerada la escena tal como hemos visto en los textos anteriores, no sorprende que Leonardo Bruni, al hablar del teatro en su *Carta sobre la caballería* (es el *De militia*), apunte lo siguiente: «... el theatro, que quiere dezir cadahalso o predicatorio» (ms. 10212 de la Bib. Nacional, fol. 3v. Perteneció al Marqués de Santillana, que lo utilizó como base para su *Qüestión* a Alfonso de Cartagena; *vid. editio maior* de Ángel Gómez Moreno en *El Crotalón. Anuario de Filología Española*, 2 (1985), 335-363). De nada habría servido tampoco indagar cómo eran las comedias de Plauto y Terencio, pues los comentarios al respecto no eran más concretos que las referencias de Walter Burley en su *De vita et moribus philosophorum*; así, Terencio fue autor de «un libro muy elegante de comedias, en el qual anotó las costumbres de muchos, por donde los omnes se guardasen de muchos peligros» (Knust, *op. cit.*, p. 343) y, más brevemente, «Plauto, poeta cómico, discípulo de Tullio fue» (*ibid.*, p. 335).

En resumen, la escena era un lugar de recitación o lectura, no tanto de representación teatral. Así se expresa también don Enrique de Villena en una extensa glosa a la Eneida recogida por Pedro Cátedra («Escolios teatrales de Enrique de Villena», *Serta Philologica F. Lázaro Carreter* [Madrid: Cátedra, 1983], pp. 127-136), de la que extraigo sólo un breve fragmento:

En este tiempo allí subían los poethas trágicos e comédicos para reçitar sus ystorias: segúnd que nombravan las personas, ansí salían de las famisas capitolinas e desçendían por las gradas ha la çena, diziendo aquellas palabras e faziendo aquellos gestos que convenían a la ystoria reçitada. (p. 128)

Finalmente, para aquellos que deseen perseguir la fortuna del término *comedia*, recordaré la existencia de un conocido artículo de Miguel Ángel Pérez Priego, «De Dante a Juan de Mena: sobre el género literario de *comedia*», *1616*, 1 (1978), 151-158. Sin embargo, querría añadir un nuevo heredero del comentario dantesco sobre la *comedia* («Per tragoediam superiorem stilum inducimus, per comediam inferiorem»); se trata de una glosa al *De vita beata* de Séneca en la traducción de Alfonso de Cartagena:

Cómicos. Dezían a los poetas que fazíen las comedias, así commo dezían trágicos a los que fazían las tragedias. En tres maneras es diferençia entre comedia e tragedia: la primera es la comedia tracta de personas e cosas baxas e viles; la tragedia, de personas e cosas altas. La segunda es que la comedia es de baxo estilo, ca habla rústicamente e comúnmente; mas la tragedia es de alto estilo, ca fabla alta e fermosamente. La terçera es que la tragedia comiença en cosas alegres e acaba en tristes. E por ende algunos vsan en sus cartas fazer los comienços trágicos e los fines cómicos, e por el contrario, segund que la materia e las personas o el tienpo lo requiere. (ms. 8188 de la Bib. Nacional, fol. 34r.)

Es similar al exordio del Comentario de Jacopo della Lana: «comedia, que quasi quier dezir villano tractado o dictado» (ms. 10207 de la Bib. Nacional, fol. 1v). Este texto y la glosa anterior coinciden con Dante, Boccaccio y con el Marqués en que asocian el término *comedia* con asuntos y formas poéticas propias de villanos (recuérdese que la alusión al género no es directa en don Íñigo, que se sirve de una referencia a los dos «comicos» más importantes).

38.   Rabí Shem Tov ben Yitzhak, más conocido por Rabí Santob o Sem Tob de Carrión era natural de la misma villa en que, más tarde, nacería el Marqués; la cita que éste hace de sus *Proverbios morales* −como el resto, seguramente memorizada− guarda una estrecha relación con el códice escurialense que conserva dicha obra (b. iv. 21). Sobre Alfonso González de Castro sabemos muy poco, aunque podría tratarse del mismo personaje que alguien del mismo nombre que hacia 1385 era miembro de la Orden de Calatrava, como ya señalaron Pastor y Prestage en su edición (*op. cit.*, p. 96);

en cualquier caso, los poemas que se le atribuyen son en realidad de Macías. Tomás Antonio Sánchez apuntaba sobre el *Prohemio*:

> «El Marqués le escribió en 'Guadalajara' donde tenía su casa, como lo da à entender en dicha carta, en la qual hablando de Alonso González de Castro, dice: natural *desta* Villa de Guadalajara. (*Op. cit.*, n. 1.)

El Arcediano de Toro, poeta de la época de Juan I, parece haber sido el autor de la segunda composición que se le atribuye, no así de la primera, que aparece adjudicada al Duque de Benavente y a Villasandino en los cancioneros que la conservan. Cierra este segundo grupo de poetas, pertenecientes a la época de Juan I, Garci Fernández de Gerena, autor presente en el *Cancionero de Baena*.

39. Los poetas de la época de Enrique III citados comienzan con Alfonso Álvarez de Villasandino, natural de Illescas, que es el autor mejor representado en el *Cancionero de Baena*; la comparación con Ovidio tiene algo de la imagen que de este escritor clásico brinda Pierre Berçuire, quien confronta el modo de escribir de Ovidio, propio de un poeta, con el estilo de otros como Lucano:

> Rabanus en el *Tractado de las naturalezas de las cosas*, en el libro diez e seys, en el capítulo noueno, dize quel offiçio del poeta es conuerter en otras espeçies las cosas que son passadas por tuertas figuraçiones con alguna fermosura. Por lo qual ende se dize Lucano non auer seýdo poeta, por quanto es uisto auer compuesto más estorias que poéticas exempliffiçiones [*sic*]. (ms. 10144 de la Bib. Nacional.)

Como puede comprobarse, son las historias, y no la forma, de las *Metamorfosis* las que determinan que Ovidio sea el poeta arquetípico para Berçuire. Sin embargo, esta imagen de Ovidio tiene la fuente remota en sus *Tristia* («quo tentabam dicere versus erat», IV, 10) y es un lugar común que encontramos también en *La Celestina*: «El gran Antípater Sidonio, el gran poeta Ovidio, los quales de improviso se les venían razones metrificadas a la boca» (*op. cit.*, p. 218). También puede justificarse el apelativo que el Marqués usa al referirse a Francisco Imperial: Quintiliano había distinguido ya entre *poeta* y *versificator* para aludir con el primer término a los grandes creadores (*Institutio oratoria*, X, 1, 89); tras él, en Italia, Geremia da Montagnone usa el término *poeta* para referirse a los autores clásicos, mientras que los autores medievales reciben el apelativo de *versilogus* en su *Compendium moralium notabilium*; el propio Dante, contemporáneo del autor anterior, con *poeta* aludía a los autores clásicos y con *dicitori* y *rimatori* a aquellos que escribían en lengua vernácula (*Vita nuova*, XXV). Julian Weiss (*op. cit.*, p. 298) ha recogido un testimonio de gran interés inserto en la *Vita Dantis* de Leonardo Bruni, obra que he citado en varios momentos por su notable presencia en el *Prohemio* (ms. 10171 de la Bib. Nacional, fol. 45r):

> assí como toda persona que es presidente o tiene officio de mandar inpera o manda, mas sólo aquel se llama enperador que es sobre todos, assí que aquel que conpone obras en versos e es alto e muy excelente en conponer las tales obras se llama poeta.

En esta tradición hay que enmarcar también las palabras de Juan del Encina en el tercer capítulo de su *Arte*:

> Capítulo iij. De la diferencia que ay entre poeta y trobador. Según es común uso de hablar en nuestra lengua, al trobador llaman poeta y al poeta, trobador, ora guarde la ley de los metros, ora no. Mas a mí me parece que quanta diferencia ay entre músico y cantor, entre geómetra y pedrero, tanta deve aver entre poeta y trobador. Quánta diferencia aya del músico al cantor y del geómetra al pedrero, Boecio nos lo enseña: que el músico contempla en la especulación de la música, y el cantor es oficial della. Esto mesmo es entre el geómetra y pedrero, y poeta y trobador; porque el poeta contempla en los géneros de los versos, y de quántos pies consta cada verso, y el pie, de quántas sílabas; y aún no se contenta con esto, sin examinar la quantidad dellas. Contempla esso mesmo qué cosa sea consonante y assonante; y quándo passa vna sílaba por dos, y dos sílabas por vna; y otras muchas cosas de las quales en su lugar adelante trataremos. Así que quanta diferencia ay de señor a esclavo, de capitán a hombre de armas sugeto a su capitanía, tanta a mi ver ay de trobador a poeta. Mas pues estos dos nombres, sin ninguna diferencia entre los de nuestra nación, confundimos, mucha razón es que quien quisiere gozar del nombre de poeta o trobador, aya de tener todas estas cosas. ¡O, quántos vemos en nuestra España estar en reputación de trobadores que no se les da más por echar vna sílaba y dos demasiadas que de menos, ni se curan qué sea buen consonante, qué malo! Y pues se ponen a hazer en metro, deven mirar y saber que metro no quiere dezir otra cosa sino mensura; de manera que lo que no lleva cierta mensura y medida, no devemos dezir que va en metro, ni el que lo haze debe gozar de nombre de poeta ni trobador». (En F. López Estrada, *Las poéticas...*, *op. cit.*, pp. 83-84.)

La tradición facilitaba que don Íñigo estableciese una clara distinción entre el *dezidor* o *trobador* y el *poeta* a favor de este último; este término, además, tenía aún un cierto regusto exótico en castellano (a pesar de su aparición en textos muy anteriores, la voz *poeta* comienza a integrarse plenamente en este momento), que, para el Marqués, adquiriría nuevos tintes por ser la forma usada por sus cultos y admirados autores italianos. Finalmente, cabe añadir que el decir *En dos setecientos y más dos y tres* aparece atribuido a Imperial en el *Cancionero de San Román* y a Villasandino en el *Cancionero de Baena*.

40.   En el último bloque de autores aparecen numerosos familiares de don Íñigo; tantos que el *Prohemio* revela así una de sus principales características: junto a la *laus* propia, por la condición de poeta de su autor, la carta al Condestable, incluye un elogio a su abuelo, a sus tíos, a su hermano político y −en este caso indirectamente− a su propio padre, con lo que estamos ante un verdadero panegírico familiar. En el orden en que se nos muestran, los autores citados comienzan con Fernán Sánchez de Calavera (Talavera en el *Cancionero de Baena*), uno de los principales poetas de la primera mitad del siglo XV; Pero Vélez de Guevara, tío del Marqués, es también otro de los poetas del *Cancionero de Baena*. Fernán Pérez de Guzmán, primo segundo y no tío de don Íñigo, (aunque, seguramente, así lo llamaría por ser veinte años mayor), es el conocido creador en prosa y verso de la primera mitad del siglo XV (muere en 1460); como se ha comprobado en la Introducción, la referencia al poema de *Las quatro virtudes cardinales* es de gran importancia para fechar el *Prohemio;* el epitafio al padre del Marqués aparece en el *Cancionero de Baena* y en el *Cancionero de San Román*. En casa de don Fadrique, marido de Aldonza, hermana de nuestro autor, se encontraban varios poetas de los que sabemos muy poco: Puertocarrero tal vez podría ser el célebre poeta del *Cancionero General* de este nombre, aunque los datos de que dispongo acerca de este último indican que se trata de un creador posterior (a diferencia de lo que pensaba Amador de los Ríos en su edición del Marqués *op. cit.*, p. 631); sobre Gayoso y Moraña, tenemos unos versos de Villasandino en el *Cancionero de Baena*: «Non será Juan de Gayós / nin Moraña, fío en Dios» (fol. 62 v); del último, además, se ha conservado una respuesta a Fernán Manuel de Lando en el mismo cancionero («En la muy alta cadera», fol. 89rv.); Lando es, evidentemente, coetáneo de los anteriores y sus composiciones se encuentran también en el *Cancionero de Baena:* entre éstas, don Íñigo cita sus poemas jocosos dirigidos a Villasandino («Lindo poeta honorable», fol. 25v; «Señor, sy la vuestra vida», fol. 85r; «Dexiste, amigo, que vos preguntase», fol. 92r; «Alfonso Áluarez amigo», fol. 86r) junto a sus composiciones a la Virgen («Preçiosa margarita», fols.

188v-189r; «Toda limpia sin mançilla», fol. 189r); por lo que respecta a su estilo, hay que recordar lo dicho por Chandler Post en su clásico libro, *Mediaeval Spanish Allegory*:

> Santillana in his *Proemio* and Villasandino in a quatrain from the literary contest denominate Ferrant Manuel as a disciple of Imperial, but nowhere in his preserved works is there a trace of the Sevillan poet's manner [...] What ground, then, remains on which the assertions of discipleship to Imperial may rest? It is not unlikely that in one or more of the numerous quarrels in verse that were typical of the day, Ferrant Manuel had supported his contentions on subjects that are unknown to us. (Cito la edic. de Harvard: University Press, 1915 por el facs. de Westport: Greenwood Press, 1974, pp. 195-96.)

41.   Don Íñigo ha brindado al Condestable un breve panorama de poetas anteriores a su propia generación. No escribe nada acerca de sus contemporáneos porque, según indica, don Pedro ya los conoce. Esta afirmación podría ser sólo una forma de *captatio benevolentiae* (comprobemos que nos acercamos al *epilogus*), pero cabe la sospecha de que la carta de petición del Condestable fuese muy explícita e indicase qué poetas conocía y cuáles no. También, cómo no, el propio Marqués podría haber deducido que don Pedro conocería bien al menos a algunos de los creadores contemporáneos y no tendría noticia de los poetas anteriores a la madurez del rey Juan II. Sea como fuere, esta excusa le permite comenzar la *recapitulatio*, donde, con una *captatio benevolentiae* adicional, pide disculpa por haberse extendido en su narración: ni sus años (por decoro) ni los problemas de Castilla (auténtico lugar común al que se alude a menudo a mediados del siglo XV; *vid.* Alfonso de Cartagena en su respuesta a la *Qüestión* del Marqués en mi edición junto a Kerkhof de las *Obras completas* de éste, *op. cit.*, p. 420) le permitirían ser prolijo, pero creía necesario aducirlos y así lo ha hecho. En el pasaje hay un nuevo paralelo con Dante y su *De vulgari eloquentia* que nos sorprende una vez más por cuanto tenemos la absoluta seguridad de que don Íñigo no conoció dicha obra; tras su larga lista de *auctoritates*, Dante se sirve del mismo tópico: «Nec mireris, lector, de tot reductis auctoribus ad memoriam» (Michele Barbi, ed., *Opere di Dante. De vulgari eloquentia*, ridotto a miglior lezione, commentato e tradotto da Aristide Marigo [Florencia: Le Monnier, 1948], p. 220).

La última cita inserta en el *Prohemio*, procedente de las *Epístolas* de Horacio («Quo semel est imbuta recens, seruabit odorem / testa diu», I, 2, 11, 69-70), pudo haberse tomado de una fuente distinta de la original, a pesar de la opinión de Miguel Garci-Gómez («Otras huellas de Horacio...», *op. cit.*,

132), que recuerda su presencia posterior en Quintiliano (*Inst. Orat.*, I, 1), Mateo de Vendôme y su *Ars versificatoria* (I, 26), del siglo XII, y en Juan del Encina y su *Arte de poesía castellana*. Julian Weiss aduce un testimonio de gran importancia, pues don Íñigo difícilmente podía haber leído a Horacio, Quintiliano o Vendôme:

> As far as the source of this image is concerned, it is not necessary to argue, as Garci-Gómez has, that Santillana had direct knowledge of Horace's Epistles. (These do not seem to have been particularly well known at the time, although Villena refers to them in his *Tratado de la consolación*; even if Santillana had heard of them, he could not have read them unaided). Santillana learnt of Horace's image at second hand, possibly from Augustine's *City of God*. In one of his more scathing attacks on pagan culture, St. Augustine scorns the Romans for being proud of teaching their young to read poets who honour heathen gods. As an example of these poets, he refers to Virgil, *quem propterea parvuli legunt ut videlicet poeta magnus omniumque praeclarissimus atque optimus teneris ebibitus animis non facile oblivione possit aboleri, secundum illud Horatii: «Quo semel est inbuta recens servabit odorem / testa diu».* (El texto de *La ciudad de Dios*, I, 3, lo cita Weiss en su tesis, *op. cit.*, p. 226.)

Sin embargo, una vez más cargaría las tintas sobre el hecho de que la cita horaciana se encuentre también en las *Invective* petrarquistas (en la traducción posterior de Fernando de Talavera: «'de lo que una vez fuere embutida reciente, guarda olor la cáscara luengamente'», en p. 394 de la edic. de Pedro Cátedra, ya citada), con lo que encontramos un último contacto entre ambos textos. Por otro lado, la obra agustiniana no se encuentra entre los libros de su biblioteca localizados por Schiff. Finalmente, don Íñigo remite al *Prohemio* de los *Proverbios* a cuantos quieran saber algo más acerca de los primeros trovadores europeos, aunque ahí sólo se brindan algunos datos sobre la preceptiva catalano-provenzal y el Consistorio de la Gaya Ciencia de Tolosa.

42.   El epílogo del *Prohemio* es, con sus geminaciones y trimembraciones y sus dos largos períodos, el pasaje más claramente retórico de la obra, en clara consonancia con las recomendaciones de las preceptivas clásicas y medievales (*vid.* la Introducción). Una alusión a las nueve Musas, otra a dos de las Parcas y una referencia indirecta a Apolo engalanan aún más el cierre de la carta, que coincide con un futuro y lejano final de la vida del Condestable colmado de parabienes: una merecida fama por sus creaciones literarias

y sus actos de armas. Este último aspecto es claramente innovador si se compara con otros epílogos coetáneos similares, en que, de nuevo, la última frase nos lleva al momento de la muerte, en un final rotundo; así, en el prólogo de don Enrique de Villena a su traducción de la *Eneida:*

> ... obtenida por uos, muy alto Rey, aquella bien auenturança e postrimera feliçidat que ha los cathólicos e buenos es prometida reyes. (Cito esta vez por la edic. de Ramón Santiago Lacuesta, *La primera versión castellana de «La Eneida» de Virgilio* (Madrid: Anejos del Brae [38], 1979), p. 46.)

Es la gloria que espera a todo buen cristiano, y no la fama, lo que se promete, como sucede en múltiples oraciones (en las que seguramente tiene su origen este auténtico tópico). El prólogo de Villena aparece a modo de carta, al igual que el proemio del traductor del *Tratado del belo gótico*, obra de Leonardo Bruni, que aquél dirige al Duque de Alba:

> ... porque después de luengos tienpos, quando desta atribulada vida e desta confusión de tienpo partiéredes, vades e vamos a la santa gloria para que fuymos creados». (ms. 7562 de la Bib. Nacional, fol. 15v.)

Interesantísimo es el final de la *Epístola al Conde de Haro* de Alfonso de Cartagena, donde desea al noble éxito en las armas y las letras en esta vida y la gloria eterna en la otra:

> Vale, nobilissime Comes, et militaribus curis sicut facere soles scolastica exercicia moderata interpolatione interdum comisce, quatenus rei publice opportunis laboribus assis et animum tuum, cum affuerit opportuna libertas, honestis doctrinis imbuere ac dulciter fovere non cesses, ut tam per armata milicie claros labores quam per literatum amena exercicia temporali vita, 'que milicia est super terram' in hac via meritorie peracta, illius beatissime ac triumphantis Civitatis superne inter gloriosos cives recipi merearis. (J. Lawrence, *Un tratado de Alonso de Cartagena..., op. cit.,* p. 61.)

Diego de Valera gustó de esta clase de finales epistolares, como lo pone de manifiesto una de sus cartas a un amigo, en que, al cierre, le desea la gloria eterna de los cristianos: «... porque tu jornada bienaventuradamente acabes e gloria ynfinida por syenpre poseas» (ms. 9263 de la Bib. Nacional, fol. 18v); la fama, en cambio, por sus grandes obras es lo que Valera desea a Juan II en una carta de 1450:

Aquí fago fyn a mi synple epístola, suplicando al Esspíritu Santo, muy ilustre prínçipe, que por ssu ynfinita clemençia alunbre asý vuestro entendimiento porque en tal guisa gouerrnéys vuestros rreynos que los males presentes çessen e los venideros del todo se euiten, e a largos días de gloria perpetua e loable memoria seáys mereçiente. (*Ibid.*, fol. 17 r-v.)

Como vemos, el Marqués de Santillana es más moderno en su deseo de que don Pedro alcance la vida de la fama; además, la misma alusión a la muerte se ha desdramatizado por medio de la mitología. Don Íñigo tiene un cuidado exquisito a lo largo de la obra en su modo de dirigirse al Condestable; el cierre de la carta no es sino una última y clara prueba de este hecho. Otro cierre similar, pero mucho más convencional, se puede leer en el *Prohemio* de los *Proverbios* (en *Obras, op. cit.*, p. 222).

Epílogo

El *Prohemio e carta* presenta rasgos claramente medievales; entre éstos, el más evidente es, sin duda, el respeto del diseño epistolar propuesto por las *artes dictaminis*, con una estructura que se articula entre la *salutatio* y la *conclusio*. También son propias del período medieval las abundantes cláusulas rítmicas (rimas, similicadencias y un ritmo muy cuidado que equivaldría al *cursus* de la prosa latina) de que se sirve, que habrían horrorizado a los humanistas italianos (Petrarca y Coluccio Salutati rechazaban la *garrulitas, rythmica lubricatio* y *effeminata consonantie cantilena* del *cursus*, como apuntan Battistini y Raimondi, *op. cit.*, p. 55) por los que tanta admiración sentía el Marqués. En este punto radica la gran paradoja de la carta al Condestable de Portugal: aunque, aquí y allá, se recogen referencias y comentarios de Dante, Petrarca, Boccaccio, Pietro Alighieri, Benvenuto da Imola, Leonardo Bruni o Pier Candido Decembrio, don Íñigo, en muchos aspectos, no fue más lejos de la mera anécdota.

Sin duda, la escasa preparación del Marqués (sin olvidar lo poco adecuado del medio en que se movía, la Castilla del siglo XV) no le permitió captar la esencia del gran cambio cultural que supusieron el Trecento y Quatrocento italianos. La recuperación de la lengua griega o la depuración de la latina, la búsqueda de códices de autores clásicos y su posterior edición eran tareas necesariamente prohibidas para don Íñigo, que, sin embargo, pudo gustar de algunos de sus frutos (un buen ejemplo es la versión castellana de la *Ilíada* que encargó a su hijo Pero Gonzalez, que tenía como punto de partida los trabajos de Leonardo Bruni y Pier Candido Decembrio). En cambio, gracias a los modelos de su propia biblioteca, le habría resultado relativamente fácil comprobar que la prosa de los humanistas seguía patrones menos artificiosos que los habituales en la prosa castellana del momento: en especial, a la hora de escribir una epístola, cuyo ideal había que buscarlo en Cicerón y no en las caducas *artes dictaminis* medievales.

¿Por qué el *Prohemio e carta* no se hace eco de esos nuevos gustos? Tal vez, don Íñigo no consiguió asimilar los modelos italianos; quizás, ni siquiera se le ocurrió considerarlos como formas alternativas a su propia concepción epistolar. Otra posibilidad es la de que, de modo consciente, el Marqués hubiese desechado cualquier cambio en el formato de sus cartas, algo que resulta fácil de entender en el caso de la *salutatio*, por respeto de una

149

auténtica norma social, similar a la corrección en la mesa o a la etiqueta (cuidar el tratamiento ha sido siempre de gran importancia entre nobles). Por lo que respecta al ritmo de la prosa, la engolada personalidad de don Íñigo (es preciso traer a la memoria una vez más el testimonio de las *Coplas de la Panadera*: «Con habla casi estranjera, / armado como françés, / el noble nuevo Marqués / su valiente voto diera») y, sobre todo, los gustos de los prosistas castellanos de la primera mitad del siglo XV justifican plenamente su presencia; ambos factores explican también un último aspecto: el léxico artificioso de don Íñigo, que tampoco habría gustado a los grandes humanistas italianos, quienes, además, deslindaban con gran precisión la lengua latina de la vernácula sin aceptar falsas mixturas entre ambas.

La diferencia entre el *Prohemio e carta* y el reto de las epístolas redactadas por don Íñigo es evidente tanto en su extensión como en su diseño: aun cuando todas ellas son igualmente conservadoras, pues incorporan sus respectivas *salutationes* (*intitulationes* incluidas), ni su léxico ni su sintaxis ni su estructura retórica ni, por supuesto, las fuentes de que se sirven tienen el grado de elaboración que presenta nuestro opúsculo. Espero que, tras la lectura de este trabajo, haya quedado claro el talante retórico del *Prohemio e carta*, obra en la que el Marqués de Santillana hizo uso de todos los recursos que conocía para ganarse el ánimo del joven Condestable portugués. La intención de don Íñigo, como hemos visto, no era otra que la de convencer a don Pedro de las muchas excelencias de la poesía; con este deseo, aun sin saberlo, el Marqués conectaba con una larga tradición inaugurada por el *Pro Archia* ciceroniano y continuada por Petrarca y otros humanistas italianos de los siglos XIV y XV, que, en varios casos, le sirvieron como punto de partida. Desde esa perspectiva, la aportación del *Prohemio* es de una gran importancia, pues constituye una clara prueba de la aceptación de algunos de los asuntos fundamentales del Trecento y Quatrocento italianos en nuestra Península; este fenómeno se percibía ya en la obra de don Enrique de Villena, presente también en el *Prohemio* junto a otras fuentes tradicionales.

Bibliografía

I-MANUSCRITOS. (* para mss. que no he visto.)

Escorial: Monasterio
   b.iv.21.

Londres: British Library
   Add. 9939.

Madrid: Academia de la Historia.
   9-1049, 9-1059, 9/5742, 9/1029, 2-MS.39.

Madrid: Academia Española.
   Imp. 12-VII-39.

Madrid: Bartolomé March.
   25-10-9.

Madrid: Lázaro-Galdiano.
   657.

Madrid: Nacional.
   1966, 2964, 3677, 6728, 7562, 7575, 7799, 8188, 8830, 9156, 9219, 9263, 9513, 9608, 9815, 9990, 10073, 10127, 10144, 10145, 10171, 10186, 10191, 10196, 10207, 10208, 10212, 10227, 10237, 10271, 10258, 10307, 10412, 10811, 11264 (20), 13127, 13274, 17975, Res. 53, Res. 212, Res. 214, Vitr. 5-10, Vitr. 16-3, Vitr. 17-4, Vitr. 24-11, Vitr. 23-2.

París: Nationale.
   Esp. 37, Esp. 458, Fr. 1584*, Ital. 1702*.

Salamanca: Universitaria.
   2147, 2655.

Santander: Menéndez Pelayo.
M-79*.

II-IMPRESOS.

Alegre, Francesch, *Quinze libres de Transformacions del poeta Ovidi e los quinze libres de allegories e morals exposicions sobre ells.* Barcelona: Pere Miquel, 24-4-1494 (I-1774 y I-2435 BNM).

Alvar, Carlos, *La poesía trovadoresca en España y Portugal.* Barcelona: CUP-SA, 1977.

Amador de los Ríos, José, *Historia crítica de la literatura española.* Madrid, 1861-1865 (Facs. de Madrid: Gredos, 1969).

Id. ed., *Obras de don Íñigo López de Mendoza, Marqués de Santillana.* Madrid, 1852.

Anglade, Joseph, ed., Guilhem Molinier, *Flors del Gay Saber de Guilhem Molinier,* Memories de l'Institut d'Estudis Catalans. Barcelona, 1921.

Antonio de Valenzuela, Fray, *Doctrina Christiana para los niños y para los humildes.* Salamanca, 1556.

Atkinson, W.C., «The Interpretation of 'Romances e cantares' in Santillana», *Hispanic Review,* 4 (1910), 1-10.

Aubrun, Charles V., «Alain Chartier et le Marquis de Santillane», *Bulletin Hispanique.* 40 (1938), 128-149.

Averço, Luis de, *Torcimany.* Ed. J.M. Casas Homs. Barcelona: CSIC, 1956.

Baldwin, Charles S., *Medieval Rhetoric and Poetic (to 1400).* New York: The Macmillan Company, 1928.

Baldwin, Spurgeon W., «Irregular versification in the *Libro de Alexandre* and the possibility of *cursus* in old Spanish verse», *Romanische Forschungen,* 75 (1973), 298-313.

Berger, Philippe, *Libro y lectura en la Valencia del Renacimiento.* Valencia: Edicions Alfons el Magnanim, 1987.

Bigongiari, Dino, «Were there Theatres in the Twelfth and Thirteent Centuries?», *The Romanic Review* 37 (1946), 201-224.

Boase, Roger, *The Troubadour Revival: A study of social change and traditionalism in late medieval Spain.* Londres: Routledge & Kegan Paul, 1978. Traduc. esp., *El resurgimiento de los trovadores: un estudio del cambio social y tradicionalismo en el final de la Edad Media en España.* Madrid: Pegaso, 1981.

Boskof, Priscilla S., «Quintilian in the Late Middle Ages», *Speculum,* 27 (1952), 71-78.

Braga, Teofilo, *Poetas Palacianos (Seculo XV).* Lisboa, 1871.

Cancionero de Baena. Ed. de José María Azáceta. Madrid: CSIC, 1965.

Cancionero da Biblioteca Nacional, antigo Colocci-Brancuti. Ed. Elza Paxeco y Jose Pedro Machado. Lisboa: Edição da Revista de Portugal, 1949.

Carr, Dereck C., «A Fifteenth-Century Castilian Translation and Commentary of a Petrarchan Sonnet: Biblioteca Nacional, MS. 10186, folios 196r-199r», *Revita Canadiense de Estudios Hispánicos*, 5 (1981), 123-143.

Cátedra, Pedro, ed., *Tratado de Astrología atribuido a Enrique de Villena*. Barcelona: Humanitas, 1983.

Id., «Escolios teatrales de Enrique de Villena», *Serta Philologica F. Lazaro Carreter* (Madrid: Catedra, 1983), pp. 127-136.

Id., «Sobre la biblioteca del Marqués de Santillana: la *Ilíada* y Pier Candido Decembrio», *Hispanic Review*, 51 (1983), 23-28.

Cavalca, Domenico, *Espejo de la Cruz*. Trad. Alfonso de Palencia. Sevilla: Antonio Martínez. 20-2-1486 (I-1343 BNM).

Clarke, Dorothy C., «Remarks on the early *Romances* and *Cantares*», *Hispanic Review*, 17 (1949), 119-120.

Id., «On Santillana's 'Una manera de decir cantares'», *Philological Quarterly*, 36 (1957), 72-76.

Id., «The Marqués de Santillana and the Spanish ballad problem», *Modern Philology*, 59 (1961), 13-24.

Constable, Giles, *Letters and letter-collections*, fasc. 17-A-II de *Tipologie des sources du Moyen Âge Occidental*. Turnhout: Editions Brepols, 1976.

Copenhagen, Carol, A., «Salutations in Fifteenth-Century Spanish vernacular letters», *La Corónica*, 12 (1984), 254-264.

Corominas, Joan, *Diccionario crítico etimológico de la lengua castellana*. Madrid-Berna: Gredos-Francke, 1954-1957.

Id., y José Antonio Pascual, *Diccionario crítico etimológico castellano e hispánico*. Madrid: Gredos, 1980.

Curtius, Ernst Robert, *Literatura europea y Edad Media Latina*. México: Fondo de Cultura Económica, 1976.

Chadwick, H., *Early Christian Thought and the Classical Tradition*. Oxford: University Press, 1966.

Dante Alighieri, *De vulgari eloquentia*, ed. Aristide Marigo, en *Opere di Dante*. Ed. Michele Barbi. Florencia: Felice Le Monnier, 1948.

Deyermond, Alan, «Baena, Santillana, Resende and the silent century of Portuguese court poetry», *Bulletin of Hispanic Studies*, 59 (1982), 198-210.

Id., «The Love Poetry of King Denis», *Florilegium Hispanicum. Medieval and Golden Age Studies Presented to D. C. Clarke* (Madison: Hispanic Seminary of Medieval Studies, 1983), pp. 119-130.

Di Camillo, Ottavio, *El Humanismo castellano del siglo XV*. Valencia: Fernando Torres, 1976.

Domínguez Caparrós, José, *Diccionario de métrica española*. Madrid: Paraninfo, 1985.

Dronke, Peter, *La individualidad poética en la Edad Media*. Madrid: Alhambra, 1981.

Dunn, Peter N., «'Materia la mujer, el hombre forma'. Notes on the Development of a Lopean *Topos*», en *Homenaje a W.L. Fichter* (Madrid: Castalia, 1971), pp. 189-199.

Durán Manuel, «Santillana y el Prerrenacimiento», *Nueva Revista de Filología Hispánica*, 15 (1961), 343-363.

Dutton, Brian, *Catálogo-Índice de la Poesía Cancioneril del Siglo XV*, con la colaboración de Stephen Fleming y Jineen Krogstad (Archivos y Bibliografía), Francisco Santoyo Vázquez (Programación) y Joaquín González Cuenca (Colaborador en España). Madison: Hispanic Seminary of Medieval Studies, 1982.

Faral, Edmond, *Les arts poétiques du XIIe et du XIIIe siècle. Recherches et documents sur la technique littéraire du moyen âge*. Paris: Biblioteque de l'Ecole des hautes etudes (n. 238), 1923.

Faulhaber, Charles B., *Latin Rhetorical Theory in Thirteenth and Fourteenth Century Castile*. Berkeley: University of California Press (Publications in Modern Philology, 103), 1972.

Id., «Retóricas clásicas y medievales en bibliotecas castellanas», *Abaco 4* (Madrid: Castalia, 1973), pp. 151-300.

Id., «Las retóricas hispanolatinas medievales (S. XII-XIV)», *Repertorio de Historia de las Ciencias Eclesiásticas en España*, 7 (1979), 11-65.

Id., *Libros y bibliotecas en la España medieval: una bibliografía de fuentes impresas*. Londres: Grant & Cutler (Research Bibliographies & Checklists, 47), 1987.

Id., A. Gómez Moreno, D. Mackenzie, J. Nitti & B. Dutton, *Bibliography of Old Spanish Texts, 3*. Madison: Hispanic Seminary of Medieval Studies, 1984.

Ferrie, Francis, «The Marqués de Santillana and the Rhetorical Tradition». Ph. D. Dissertation, Tulane University, 1974.

Id., «Aspiraciones del Humanismo español del siglo XV: Revalorización del *Prohemio e Carta* de Santillana», *Revista de Filología Española*, 57 (1974-75), 195-209.

Foster, David W., *The Marqués de Santillana*. New York: Twayne Publishers, 1971.

Garci-Gómez, Miguel, «Classical tradition in Santillana's theories and stile», Ph. D. dissertation, Catholique University of Washington, 1971.

Id., «Paráfrasis de Cicerón en la definición de poesía de Santillana», *Hispania*, 56 (1973), 207-212.

Id., «Otras huellas de Horacio en el Marqués de Santillana», *Bulletin of Hispanic Studies*, 50 (1973), 127-141.

Id., «*Romance* segun los textos españoles del Medievo y Prerrenacimiento», *The Journal of Medieval and Renaissance Studies*, 4 (1974), 35-64.

Id., «The Reaction against Medieval Romances: Its Spanish Forerunners», *Neophilologus*, 60 (1976), 220-232.

Id., ed., Marqués de Santillana, *Prohemios y cartas literarias*, Madrid: Editora Nacional, 1984. (Reseña de A. Gómez Moreno en *Romance Philology*, 41 (1987), 244-249.)

Gascón-Vera, Elena, *Don Pedro, Condestable de Portugal: vida y obra*. Madrid: Fundación Universitaria Española, 1979.

Gilman, Stephen, *La España de Fernando de Rojas*. Madrid: Taurus, 1978.

Gilson, Etienne, *La Filosofía en la Edad Media*. Madrid: Gredos, 1976.

Gómez Moreno, Ángel, «Tradición manuscrita y ediciones del 'Proemio' de Santillana», *Dicenda. Cuadernos de Filología Hispánica*, 2 (1983), 77-110.

Id., «La teoría literaria en el Marqués de Santillana», Tesis doctoral, Universidad Complutense de Madrid, 1984.

Id., ed., «El "Proemio" del Marqués de Santillana». (*Vid.* López Estrada. *Las poéticas castellanas de la Edad Media.*)

Id., «La *Qüestión* del Marqués de Santillana a don Alfonso de Cartagena», *El Cortalón. Anuario de Filología Española*, 2 (1985), 335-363.

Id. y Maxim. P.A.M. Kerkhof, eds., Marqués de Santillana, *Obras completas*. Barcelona: Planeta (Clásicos Planeta, 146), 1988.

González Cuenca, Joaquín, *Las Etimologías de San Isidoro romanceadas*. Salamanca-León: Universidad de Salamanca-CSIC, 1983.

González Pérez, Armando, «La poética del Marqués de Santillana», Ph. D. Dissertation, University of Michigan, 1970.

Green, Otis H., *Spain and the Western Tradition*, Madison: The University of Wisconsin Press, 1968.[2] Traduc. esp., *España y la tradición occidental*. Madrid: Gredos, 1969.

Guillén de Segovia, Pero, *La Gaya Ciencia*. Ed. José María Casas Homs, transc. O.J. Tuulio. Madrid: CSIC, 1962.

Guillaume de Lorris, *Le Roman de la Rose. El Libro de la Rosa*. Ed. Carlos Alvar. Barcelona. El festín de Esopo. Quaderns Crema, 1985.

Janson, Tore, *Latin Prose Prefaces: Studies in Literary Conventions*. Estocolmo: Acta Universitatis Stockholmiensis (Studia Latina Stockholmensia, 13), 1964.

Id., *Prose Rhythm in Medieval Latin from the 9th to the 13th Century*. Estocolmo: Acta Universitatis Stockholmiensis (Studia Latina Stockholmensia, 20), 1975.

Joset, Jacques, «Sur le litre de l'ouvre poétique de Pero López de Ayala», *Medioevo Romanzo*, 27 (1977), 3-4.

Kallendorf, Craig, «The Rhetorical Criticism of Literature in Early Italian Humanism from Boccaccio to Landino», *Rhetorica*, 1 (1983), 33-59.

Kerkhof, Maximiliam P.A.M., «Acerca da data do 'Proémio e Carta' do Marqués de Santilhana», *Portugiesische Forschungen der Görresgesellschaft*, 12 (1972-1973), 1-6.

Id., «La *Pregunta de nobles* del Marqués de Santillana. Edición crítica», *El Crotalón. Anuario de Filología Española*, 1 (1984), 331-357.

Knust, Hermann, *Gualteri Burlaei liber De vita et moribus philosophorum, mit einer altspanischen Ubersetzung der Eskurialbibliothek*. Tubinga, 1886.

Kohut, Karl, *Las teorías literarias en España y Portugal durante los siglos XV y XVI*. Madrid: CSIC (Anejo 36 de la Revista de Literatura), 1973.

Lahham, Carol D., *Salutatio Formulas in Latin Letters to 1200: Syntax, Style and Theory*. Munich: Arbesgesellschaft (Munchener Beitrage zur Mediavistik und Renaissance-Forschung, 22), 1975.

Lang Henry R., «Las formas estróficas y términos métricos del *Cancionero de*

Baena», *Estudios eruditos in memoriam de Adolfo Bonilla y San Martín* (Madrid, 1927), vol. I, pp. 485-523.

Lapesa, Rafael, *La obra literaria del Marqués de Santillana*. Madrid: Ínsula, 1957.

Latini, Brunetto, *Li livres dou Tresor*. Ed. Francis J. Carmody. Berkeley: University of California Press (Publications in Modern Philology, 22), 1948.

Lausberg, Heinrich, *Manual de retórica literaria*. Madrid: Gredos, 1966.

Lawrence, Jeremy N.H., *Un tratado de Alonso de Cartagena sobre la educación y los estudios literarios*. Barcelona: Universidad Autónoma (Publicaciones del Seminario de Literatura Medieval y Humanística), 1979.

Leite de Vasconcelos, José, *Textos arcaicos*. Lisboa: Livraria clássica editora, 1970.

Lida de Malkiel, Maria Rosa, «La métrica de la Biblia», Estudios Hispánicos. *Homenaje a Archer M. Huntington* (Wellesley: Wellesley College, 1952), pp. 335-359.

Lindholm, G., *Studien zum mittellateinischen Prosarythmus. Seine Entwicklung und sein Abklingen in der Briefliteratur*. Estocolmo: Acta Universitatis Stockholmiensis (Studia Latina Stockhomiensia, 10), 1963.

López Bascuñana, Maria Isabel, «Boccaccio en Santillana», *Revista da Faculdade de Letras*, 21 (1976-1977), 127-144.

Id., «El mundo y la cultura grecorromana en la obra del Marqués de Santillana», *Revista de Archivos, Bibliotecas y Museos*, 70 (1977), 271-320.

Id., «Cultismos, arcaísmos, elementos populares y lenguaje paremiológico en la obra del Marqués de Santillana», *Anuario de Filología* (Barcelona), 3 (1977), 279-313.

Id., «Los italianismos en la lengua del Marqués de Santillana», *Boletín de la Real Academia Española*, 68 (1978), 545-554.

Id., «Algunos rasgos petrarquescos en la obra del Marqués de Santillana», *Cuadernos Hispanoamericanos*, 331 (1978), 19-39.

Id., «Santillana y el léxico español (Adiciones al diccionario de Corominas)», *Nueva Revista de Filología Hispánica*, 27 (1978), 299-314.

Id., «Humanismo y medievalismo en la obra del Marqués de Santillana», *Letras de Deusto*, 15 (1978), 53-68.

López de Ayala, Pero, *Libro rimado del Palaçio*. Ed. Jacques Joset. Madrid: Alhambra, 1978.

López Estrada, Francisco, ed., Ruy González de Clavijo, *Embajada a Tamorlán*. Madrid: CSIC, 1943.

Id., «El 'arte de poesía castellana' de Juan del Encina (1496)», *L'Humanisme dans les Lettres Espagnoles. XIX Colloque International d'Etudes Humanistes* (Paris: J. Vrin, 1979), pp. 151-168.

Id., *Las poéticas castellanas de la Edad Media*. Madrid: Taurus (Temas de España, 158), 1984.

Lucena, Juan de, *Epístola exhortatoria a las letras*. (*Vid.* Paz y Melia, *Opúsculos literarios*.)

156

Id., Diálogo de vita beata (*Vid.* Paz y Melia, *Opúsculos literarios.*)

Luis de León, Fray, *Obras completas castellanas.* Ed. Félix García, O.S.A. Madrid: B.A.C. (n. 3), 1962.

Machado, Jose Pedro. «A data do 'Proémio e Carta' do Marquês de Santilhana», *Lingua e Cultura*, 2 (1972), 157-184.

Id., ed., «A *Carta-Proemio* do Marquês de Santilhana», *Boletim da Sociedade de Lingua Portuguesa*, 1 (1959), 81-122.

Marshall, J.H., *The «Razos de Trobar» of Raimon Vidal and associated texts.* Oxford: Oxford University Press, 1972.

Mascagna, Rosalba, ed., *La Rethorica de M. Tullio Ciceron.* Nápoles: Universita di Napoli, 1969.

Mena, Juan de, *La Coronación.* Toulouse, 1482? Facs. en Incunables Poéticos Castellanos. Valencia, 1964.

Id., Laberinto de Fortuna. Ed. Louise Vasuari. Madrid: Alhambra, 1975.

Menéndez Pelayo, Marcelino, *Historia de las Ideas Estéticas en España.* Santander: Aldus (CSIC), 1940.

Menéndez Pidal, Ramon, «Título que el Arcipreste de Hita dio al libro de sus poesías», *Poesía árabe y poesía europea*, (Madrid: Espasa-Calpe [Austral, 190], 1941), pp. 139-145.

Michaëlis de Vasconcellos, Carolina, «Uma obra inédita do Condestável D. pedro de Portugal», *Homenaje a Menéndez y Pelayo* (Madrid, 1899), vol. I, pp. 637-732.

Migne, J.P., *Patrologia Latina.* 1884-1902.

Monaci, Ernesto, *Il Proemio del Marques de Santillana.* Roma: Loescher, 1912.

Morley, S.G., «Romances e cantares», *Bulletin Hispanique*, 38 (1936), 366-369.

Morreale, Margherita, «Apuntes para la historia de la traducción en la Edad Media», *Revista de Literatura*, 15 (1959), 3-10.

Murphy, James J., *Three Medieval Rhetorical Arts.* Berkeley: University of California Press, 1971.

Id., ed., *Medieval Eloquence. Studies in the Theory and Practice of Medieval Rhetoric.* Berkeley: University of California Press, 1978.

Nader, Helen, *The Mendoza Family in the Spanish Renaissance, 1350 to 1550.* New Brunswick: Rutgers University Press, 1979.

Noulet, J.B. et C. Chabaneau, *Deux manuscrits provençaux du XIVe siècle.* París: Societé pour l'étude des langues romanes, 1888.

Ochoa, Eugenio de, ed., «Proemio al Condestable de Portugal», *Epistolario español* (Madrid: Rivadeneyra [BAE, 62], 1842), pp. 11-14.

Olivar, Marçal, «Notes entorn la influencia de l'*Ars dictandi* sobre la prosa catalana de cancilleria de finals del segle XIV», *Homenatge a Antoni Rubiò i Lluch. Miscellània d'estudis literaris, històrics i lingüistics* (Barcelona: Imprenta de la Casa de Caritat, 1936), pp. 631-653.

Pastor, Antonio and E. Prestage, *Letter of the Marquis of Santillana to don Peter, Constable of Portugal*. Oxford: Clarendon Press, 1927.

Payen, Jean Charles, *Littérature Française I. Le Moyen Âge*, París: Arthaud, 1984.

Paz y Melia, Antonio, *Opúsculos literarios de los siglos XIV a XVI*. Madrid: Sociedad Española de Bibliófilos, 1892.

Pedro de Portugal, Condestable, *Obras completas do Condestável dom Pedro de Portugal*. Ed. Luis A. Adão da Fonseca. Lisboa: Fundação Caluste Gulbenkian, 1975.

Id., *Tragedia de la insigne reina doña Isabel*. Ed. Carolina Michaëlis de Vasconcelos. Coímbra: Impresa da Universidade, 1922.

Penna, Mario, *Prosistas castellanos del siglo XV*. Madrid: Atlas (BAE, 116), 1959.

Pérez Bustamante, Rogelio, *Íñigo López de Mendoza, Marqués de Santillana (1398-1458)*. Santillana de Mar: Fundación Santillana, 1981.

Id., *El Marqués de Santillana (Biografía y Documentación)*. Santillana del Mar: Fundación Santillana, 1983.

Pérez Priego, Miguel Ángel, «De Dante a Juan de Mena: sobre el género literario de *comedia*», *1616*, 1 (1978), 151-158.

Pérez y Curis, M., *El Marqués de Santillana, Íñigo López de Mendoza. El poeta, el prosador y el hombre*. Montevideo: Renacimiento, 1916.

Petrarca, Francesco, *Invective contra medicum*. Ed. Pedro M. Cátedra. En Francisco Rico, ed., *Obras, I* (Madrid: Alfaguara, 1978), pp. 382-410.

Piccus, Jules, «El traductor español de 'De Genealogia Deorum'», *Homenaje a Rodríguez Moñino* (Madrid: Castalia, 1966), vol. II, pp. 59-75.

Porqueras Mayo, Alberto, *El prólogo como género literario. Su estudio en el Siglo de Oro español*. Madrid: CSIC, 1957.

Post, Chadler, *Mediaeval Spanish Allegory*. Harvard. University Press, 1915. (Facs. Westport: Greenwood Press, 1974.)

Prieto, Antonio, «La titulación del *Libro del Arcipreste de Hita*», *Coherencia y relevancia textual. De Berceo a Baroja*. Madrid: Alhambra, 1980.

Prudencio, *Obras completas*. Madrid: B.A.C. (n. 58), 1950.

Reichenberger, Arnold G., «The Marqués de Santillana and the classical tradition», *Iberoromania*, 1 (1969), 5-34.

Rico, Francisco, *Alfonso X y la «General Estoria»*. Madrid: Ariel, 1984.[2]

Rockinger, L., *Briefsteller und Formalbücher des eilften bis vierzehnten Jahrhunderst*. Munich, 1863.

Rojas, Fernando de, *La Celestina*. Ed. Dorothy S. Severin. Madrid: Cátedra (Letras Hispánicas, 4), 1987.

Round, Nicholas G., «Renaissance culture and its opponents in fifteenth-century Castile», *Modern Language Review*, 57 (1962), 204-215.

Rubio Garcia, Luis, *Documentos sobre el Marqués de Santillana*. Murcia: Universidad de Murcia. 1983.

Russell, Peter E., *Traducciones y traductores en la Península Iberica (1400-*

1550). Bellaterra: Universidad Autónoma de Barcelona (Escuela Universitaria de Traductores e Intérpretes), 1985.

Salazar, Abdon M., «El impacto humanístico de las misiones diplomáticas de Alfonso de Cartagena en la corte de Portugal entre medievo y renacimiento (1421-1431)», en Alan Deyermond, ed. *Medieval Hispanic Studies presented to Rita Hamilton* (Londres: Tamesis, 1976), pp. 215-226.

San Pedro, Diego de, *Obras Completas, II. Cárcel de amor.* Ed. Keith Whinnom. Madrid: Castalia, 1971.

Sánchez, Tomás Antonio, *Colección de poesías castellanas anteriores al siglo XV.* Madrid, 1779.

Sánchez Cantón, F.J., «El 'Arte de trovar' de Don Enrique de Villena», *Revista de Filología Española,* 6 (1919), 158-180. (publicado más tarde como libro, Madrid: Victoriano Suárez, 1923).

Santiago Lacuesta, Ramón, *La primera versión castellana de «La Eneida» de Virgilio.* Madrid: Aguirre (Anejos del BRAE, 38), 1979.

Santillana, Marqués de, *Obras.* (*Vid.* Amador de los Ríos.)

Id., Obras completas. (*Vid.* Gómez Moreno.)

Id., Poesías completas, II. Ed. Manuel Durán. Madrid: Castalia, 1980.

Id., Antología poética. Ed. David Foster. Madrid: Taurus (Temas de España, 120), 1982.

Id., Prose and verse. Ed. J.B. Trend. Londres: Dolphin Books, 1940.

Id., Obras. Ed. Augusto Cortina. Buenos Aires: Espasa-Calpe (Austral, 552), 1946.

Id., Obras escogidas. Ed. Fernando González. Madrid: Cía. iberoamericana de publicaciones, 192?

Id., «Carta al Condestable de Portugal», *Boletín de la Real Academia Argentina de Letras,* 7 (1939), 613-640.

Sarmiento, Martín, *Memorias para la Historia de la Poesía.* Madrid, 1775.

Schiff, Mario, *La bibliothèque du Marquis de Santillane.* París: Bouillon, 1905. (Facs. en Amsterdam: G. Th. Van Heusden, 1970).

Seronde, J., «A study of the relations of some leading French poets of the XIV and XV centuries to the Marqués de Santillana», *The Romanic Review,* 6 (1915), 60-86.

Id., «Dante and the French influence on the Marqués de Santillana», *The Romanic Review,* 7 (1916), 194-210.

Smith, Colin, «Los cultismos literarios del Renacimiento: pequeña edición al Diccionario crítico etimológico de Corominas». *Bulletin Hispanique,* 61 (1959), 236-272.

Sorrento, Luigi, «Il 'Proemio' del Marchese di Santillana», *Revue Hispanique,* 55 (1922), 1-49.

Id., Il «Proemio» del Marqués de Santillana. Como-Milán: Carlo Marzorati Editor, 1946.

Street, Florence, «Some reflexions on Santillana's *Prohemio e Carta*», *The Modern Language Review,* 52 (1957), 230-233.

Valera, Diego de, *Tratado en defensa de las virtuosas mujeres*. Ed. María de los Ángeles Suz Ruiz. Madrid: El Archipiélago, 1983.

Webber, Edwin J., «Plautine and terentian *cantares* in fourteenth century Spain», *Hispanic Review*, 18 (1950), 93-107.

Id., «Further observations on Santillana's *dezir cantares*» *Hispanic Review*, 30 (1962), 87-93.

Weiss, Julian, «The Poet's Concept of his Art: Castilian Vernacular Verse, c. 1400-1460». Ph. D. Dissertation, Magdalen College, 1984.

Whinnom, Keith, «Diego de San Pedro's stylistic reform», *Bulletin of Hispanic Studies*, 37 (1960), 1-15.

Id., *Spanish Literary Historiography: Three forms of distortion*. Exeter: University of Exeter, 1967.

Ynduráin, Domingo, «La invención de una lengua clásica (Literatura vulgar y Renacimiento en España)», *Edad de Oro, I* (Madrid: Universidad Autónoma, 1982), pp. 13-34.

Zumthor, Paul, *Essai de poétique médiévale*. Paris: Seuil, 1972.